文化吉林

柳河卷·下冊

第四章　文化景址

第五章　文化產品

第六章　文化風俗

第四章
————

文化景址

新光昭物彩，古意煥人文。柳河歷史悠久，原始文化遺存多集中在「兩河」（一統河、三統河）流域，成為柳河古老文明的搖籃。頗具特色的戰國時期的石棚墓、巍峨聳立的羅通山城均坐落於此。以三仙夾森林公園和世紀廣場為代表的新興文化景址，構成了柳河特有的湖光山色和人文景觀，向人們展示了妙趣橫生、美輪美奐的迷人畫卷。

▌岬山頭遺址

　　岬山頭遺址位於柳河縣城西南十七千米一統河北岸岬山頭台地上，東南距安口鎮二千米，西北距半截甸子村一點五千米。遺址西為山嶺丘陵地帶，東面山坡下為沖積平原。遺址北坡漸緩，南坡為斷崖，一統河在崖下自西向東，再折向東北流去。遺址大體上呈東西走向，東西長八百米，南北寬兩百米，面積較大。遺址地表已耕種多年，陶片、石器殘片暴露豐富。從遺址內採集的陶片均為夾砂粗陶，手製，素面。石器多以石刀、石鐮和石鏃為多。

　　岬山頭遺址是一統河流域內涵豐富而又典型的遺址。從採集到的陶片上看，都與一統河流域原始遺址相同。在第二次文物普查中還採集到漢代的鐵。由此可見，這處遺址已由原始時代延續到漢代。

▲ 岬山頭遺址遠景

黑崴子南山遺址

　　黑崴子南山遺址位於柳河縣城東北十七千米亨通鎮黑崴子村東南山坳裡。遺址距黑崴子村一點五千米，西面是山地，山坡下有一條鄉路通往村中，路東側有一條小河由南向北流經村東，坡下與小河之間是一片水田，西南地勢平闊，東北側為叢山丘陵。遺址大體呈南北走向，面積較大，南北長八百米，東西寬一百五十米。遺址地表已耕種多年，散見大量陶片。遺址陶片採集多集中於西南側月形台地上，均為夾砂粗陶，陶胎較厚，燒製火候不高，易碎。顏色為紅褐、灰褐兩種，手製，素面。石器則多出於東北角一帶，有石鑿、石刀。

　　黑崴子南山遺址面積大，遺物豐富，應包含兩個不同時期的文化遺存，即原始文化和漢文化，其中以磨製石器和夾砂粗陶為原始文化。遺址年代上限約商周時期，下限至漢代。

▲ 黑崴子南山遺址遠景

王八脖子遺址

　　王八脖子遺址也稱向陽西山遺址，位於柳河縣城西南三十八千米的向陽鎮西南山坡上，當地群眾稱此山為王八脖子山。遺址處在半山腰，地表散見少量陶片，山頂有一周長約三十米的圓形平台，發現少量石器。遺址東西長一百米，南北寬三十米。遺址中部採集的陶片為腹部和底部殘片兩種，可辨識器物形只有陶罐一種。陶片質地粗糙，火候較低，手製，素面，均為夾砂紅褐陶，其中有的陶片中有滑石粉，胎壁薄，易碎。

　　王八脖子遺址出土遺物及遺跡表明這裡是一處原始文化遺址，經濟類型以農業為主。原始居民生活的時代上限約當新石器時代晚期或商周之際，下限可能要晚至戰國末至秦漢之間。遺址斷崖及山坡上出土的一批銅鏃，數量較多，製作精良，均為趙國製造。傳來東北時間約當戰國末至秦漢初，或以為此遺址一帶曾為戰國末年的古戰場。

▲ 王八脖子遺址保護碑

小復興古採石場遺址

　　小復興古採石場遺址位於柳河縣城西北砬門村西側，大復興村與小復興村之間的公路北側。遺址所在山岡為東北高，西南低，採石場就處在山體西南角的（砬子）斷崖處。山體為沙礫凝灰岩構成，可開採巨型石材，山體所形成的斷崖石壁明顯為人工所為。斷崖下至今尚存多塊巨型石材，且上面留有明顯人工採鑿痕跡。其中有隼槽和打孔。這些石材與輝發河上游石棚墓群所用石材完全相同，故認為輝發河上游石棚墓群所採用的石料大都出於該採石場。遺址整體現存完好。

▲ 小復興古採石場遺址

寶善遺址

寶善遺址位於柳河縣城東南二十千米的駝腰嶺鎮寶善村西北山梁上。遺址距村最近處約兩百米。北面為起伏群山，西南面斷崖下為通梅公路，公路西南〇點五千米處為梅集鐵路。公路與鐵路之間，一條小河從西北流向東南，在駝腰嶺鎮南匯入三統河。遺址所在山梁略呈南北走向，與公路相對高度約二十米。遺址面積較大，南北長一千米，東西寬一百五十米。遺址地表大都開墾為農田，地表散布著陶片和石器。採集到的陶片多為夾砂粗陶，素面，陶質粗糙，均為手製。石器均為磨製，多為石刀和石斧。

寶善遺址使我們對三統河流域原始文化遺存有了新認識。遺址中曾經出土一片壓印折線紋陶片，其年代可追溯到新石器晚期，距今至少有四千多年歷史。它不僅使柳河縣開發歷史提前到四千年前，而且為我們研究柳河縣新石器時代文化提供了新線索。

▲ 寶善遺址遠景

四家子遺址

　　四家子遺址位於柳河縣城東南二十二千米的五道溝鎮四家子村南山坡地之上。遺址所在之處為山岡東坡，坡度較緩，呈南北走向，南北長五百米，東西寬一百五十米。遺址現為耕地。山坡上半部散布有素面夾砂陶片；中部發現一小城，周長約六十米，城牆係土石混築，內高不足一米，外高約一點五至二米，南牆中部有一門道，門道東側牆體已不明顯，西側牆體已被挖殘一米左右，從斷面上可見土石混築結構。

　　四家子遺址出土的陶器，胎質、形制、燒製工藝等與三統河流域各原始文化遺存情況相同。根據遺址內採集的遺物推斷，該遺址年代當為漢代。

▲ 四家子遺址

三合村大型聚落址

　　三合村大型聚落址位於柳河縣姜家店三合村東側漫崗之上。遺址東坡下緊臨響水河，河水自東向西經遺址所在山岡東北兩側後向北流去，南坡下為水田地，遠處東、南、北三面群山環抱，西側山坡下為三合村中學和三合村所在地。遺址周圍全部為水田地，包括南北排列的三個高崗，北部高崗向西伸出兩條漫崗，西端又有一道南北向漫崗與之相連，在此範圍內，均散布有夾砂陶片。中間的高崗呈圓形台狀，頂面平整，頂面直徑東西約二十米，南北約三十米，上面散布有大量陶片。北側有三道環階，東、南、西三面為四道環階，現為梯田。從跡象觀察該平台高崗疑為祭祀址。南側高崗遺物亦較豐富，均為素面夾砂陶片。在遺址中採集的遺物有石器、陶器兩種，石器有打製石鎬、刮削器、石網墜、磨製石鏃，陶器有橋狀器耳、乳狀板耳及器底、口沿等。器形有罐、壺、杯等。根據遺物推斷，該遺址年代當為漢代。

▲ 三合村大型聚落址北側台地

四道溝遺址

　　四道溝遺址位於柳河縣城西南三十四千米的五道溝鎮四道溝村西北山岡上。遺址東側山坡有一條鄉間小路通往四道溝村，小路與通往五道溝鎮的二級公路相連，小路東側約兩百米處有一水庫，水庫大壩下為水田。遺址處於山岡的向陽坡上，山岡為南北走向。遺址面積較大，分布於四個山包，採集遺物標本分石器和陶器兩大類，石器多見打製石器兼有少量磨製石器，打製石器有黑曜石刮削器、燧石片、石鎬等，磨製石器有環狀器、石刀、石斧幾種。陶器為素面夾砂陶，可識器形有豆、罐、壺，採集標本有橋狀耳、環狀耳、器底、豆柄等。根據遺物推斷，該遺址上限可達新石器時代，下限至秦漢時期。從遺址規模分析，該處應是一處較大型聚落遺址。

▲ 四道溝遺址

黎明北山遺址

　　黎明北山遺址位於柳河縣城東南十八千米通化至梅河口鐵路右側，東南距駝腰嶺鎮六點五千米。遺址南距黎明村五百米，距寶山遺址二點五千米。遺址南北長兩百米，東西寬一百米。

　　在遺址中採集的遺物有陶片，陶片多見橋狀耳和器底，口沿為圓唇，外侈。陶質粗糙，有夾砂紅褐陶、夾砂黃褐陶、夾砂灰褐陶，陶胎較厚。火候低，疏鬆易碎。皆為手製，素面。有一件陶餅殘段頗獨特，柳河境內亦不多見。石器有一件刮削器，用黑曜石壓剝而成，有細小鱗紋。一面平，另一面凸起，有兩條棱脊，表面光潔，三面刃部鋒利，壓剝精美。黎明北山遺址的年代約三千至三千五百年前後。

▲ 黎明北山遺址南側

平安堡遺址

　　亦稱平安村遺址，位於柳河縣城東五十千米涼水鎮平安堡村西北，距平安堡村一點五千米，西北距鎮政府所在地四千米。遺址面積較大，長八百米，寬兩百米。從遺址斷層看，耕土下黑黃色土層即為文化層，中有陶片發現，厚度三十至三十五釐米。陶片多為夾砂紅褐陶、夾砂灰褐陶，質地粗糙疏鬆，顏色不勻，常見黑色胎心。陶片多見平底，橋狀耳，口沿部分有的飾以凸弦紋。器形可見罐、缽、紡輪等。石斧四件，完整的兩件，均為花崗岩石質，斧身打琢而成，刃部磨製較精細，正鋒弧刃。斧身正面呈長方形，斷面作橢圓形。平安堡遺址屬三統河支流的原始文化遺址，遺址年代大體上為商週年代，下限不會晚於戰國，距今約三千多年。

▲ 平安堡遺址南側

鹼水遺址

　　鹼水遺址位於柳河縣城東二十二千米孤山子鎮西北的鹼水村南和西南兩處，西南山坡遺物出土地為第一台地，南北長四百米，東西寬兩百米。南山坡遺物出土地為第二台地，南北長兩百米，東西寬一百米。

　　第一台地採集陶片多為夾砂陶，顏色為紅褐、灰褐兩種，陶質粗糙，火候較低。有罐、碗、壺、紡輪。其中圈足陶碗很有特色，圈足直徑在七點五至七點六釐米之間。陶紡輪呈乳狀，底平，中有透孔。

　　第二台地採集陶片較碎小，均為夾砂陶，紅褐、灰褐、黃褐三色均有，可分為粗砂和夾細砂兩種。石器兩件，一為有孔石刀，另一件為環狀石器殘段，青灰色板岩磨製，殘存一半，原形為五等分梅花瓣形，兩面微鼓，中有圓孔。此種石器在柳河縣是第一次出現，通化地區亦不多見。

　　從出土遺物分析，這裡應以夾砂粗陶和打磨石器為基本內涵的原始文化遺存為主，其上限為周初，下限為漢代。

▲ 鹼水遺址 1 號與 2 號台地交接點

馬家亮子遺址

　　馬家亮子遺址位於柳河縣城東北八點五千米新發村西山坡上。遺址東西長兩百米，南北寬一百米。山坡頂部有一平台，呈不規則圓形，周長十五米，高出山坡〇點五米，處於遺址中部，似與遺址原始居民的聚居活動有關。遺址地表散布陶片較多，還發現有少量紅燒土。石器多分布在圓形平台以下的半山腰上。

　　採集尖狀器一件，係黑曜石壓剝而成，通體光潔，可見細小壓剝波紋。一面平滑，另一面中間有凸起的棱脊。一端有尖，一端渾圓，呈桃葉形，兩側鋒利，製作精美。石斧一件，上部殘，係用乳白色花崗岩精磨而成，通體光潔細膩，玉質感強。呈扁長方形，正鋒弧刃，刃部鋒利，一側刃部稍偏。

　　馬家亮子遺址屬於一統河上游的原始文化遺存，值得注意的是遺址所在山坡上的圓形平台，如果作為原始居民共同活動或具有祭祀、崇拜一類性質的場所，則對於我們研究一統河上游原始居民的意識形態活動，無疑具有極為重要的價值。

▲ 馬家亮子遺址遠景

水塔山遺址

　　水塔山遺址東距柳河縣城一點五千米，中間為一統河，河西岸的張家油坊村向西五百米即到遺址。遺址依山傍水，自然環境良好。遺址表面耕地上散見陶片，以西部陶片豐富，遺址中部山頂台地上打製石器較多。遺址東西長五百米，南北寬兩百米，面積較大，達十萬平方米。

　　遺址採集陶片均為夾砂粗陶，手製，素面，胎質鬆軟，燒製火候較低，多見黑色胎心。陶片顏色有紅褐、灰褐兩種，碎片多為平底，瘤狀耳、橋狀耳和卷貼唇陶器口沿。器形有碗、罐、紡輪。有一件陶紡輪的殘部，形制富有特色，殘存的一半呈均勻的扁圓形，側視為長方形，周緣有排列整齊的指甲文，中間有小圓孔。石器以打製石鎬為主，分為梯形、束肩兩式。梯形石鎬，係紫

▲ 水塔山遺址西側

紅色頁岩打製，打製痕跡清晰，工藝嫻熟，刃部打製精巧。束肩石鎬上部窄長，向下漸寬，弧刃作扇形，是較典型的大石片石器。

　　作為縣城附近一統河流域的原始文化遺址，這裡比較有特點的是打製石鎬較豐富，更加證明這一帶的原始居民是以從事農業生產為主的部落，他們已經開始定居生活。陶紡輪製作精美，表明人們用紡輪紡線已有很長時間，紡線縫製獸皮衣裳，不斷改善和美化生活，使社會逐漸發展進步。

▲ 水塔山遺址東北角

老人溝遺址

　　老人溝遺址位於柳河縣城西南四十六千米向陽鎮老人溝後山上，遺址在老人溝屯北一百五十米山坡台地上。遺址南北長六百米，東西寬兩百五十米。採集陶片均為夾砂粗陶，陶土未經淘洗，粗糙，易碎。陶片零碎，皆手製，素面，火候較低，顏色為黃褐、灰褐兩種。陶片有平底、扳狀耳、橋狀耳、豆柱、口沿。可辨器形有罐、碗、壺、豆等。這裡的陶豆質料粗，胎厚，喇叭狀足。石器有打製石鎬和石斧。石鎬青灰色頁岩打製，呈束腰形，上部殘，打製痕跡清晰，是典型的大石片石器。石斧完好，灰白色變質岩打製，呈梯形，正鋒弧刃，刃部打薄，不甚鋒利。兩面及頂部經粗磨，橫斷面呈長方形。以上為原始文化遺存。另有鐵、鐵刀為漢代器物，應該是漢武帝在北方設四郡行使主權的佐證。

　　老人溝遺址自然環境優越，面積較大，內涵豐富，包含兩個不同時期的文化遺存。對於研究柳河乃至通化地區開發的歷史，具有十分重要價值。

▲ 向陽老人溝遺址遠景

邊沿村遺址

　　邊沿村遺址位於柳河縣城西南四十五千米向陽鎮邊沿村西山坡上。遺址距邊沿村僅有五十至六十米，東南坡下是公路，向南八十米是一統河。遺址表面較平整，已開墾為農田，散見碎小陶片，範圍相當大，長一千米，寬三百五十米。

　　採集陶片均為夾砂粗陶，顏色多為紅褐、灰褐兩種。皆為手製，素面，表面抹光。陶片有平底、橋狀耳、扳狀耳、口沿，可辨形器有：罐、碗、壺等。石器有石鎬、石斧。鐵三件，皆為鑄造，表面鏽蝕。邊沿村遺址與老人溝遺址相隔一條溝谷，距離很近，且出土遺物相同，都包含原始和漢代兩個不同時期的文化內涵，是一處延續時間較長的原始文化遺址。

▲ 向陽邊沿遺址遠景

老韓山遺址

老韓山遺址位於柳河縣城東北十八千米亨通鎮西南老韓山頭，西鄰柳河至亨通鎮的公路。一條小河從遺址南繞向西，再向東北流去，在柳河和輝南交界處匯入一統河。

老韓山是一座近南北走向的小山丘，坡度平緩。遺址南北長三百米，東西寬一百米。採集陶片多為夾砂粗陶，亦有少量夾細砂陶，陶土均未經淘洗，顏色多見黃褐、灰褐，紅褐陶片較少。陶片有平底、口沿、圈狀耳、豆柱、豆盤。可辨識器形有：罐、碗、壺、豆等。

石斧一件，殘存上半段，花崗岩琢磨而成，略作圓柱狀，刃部已殘。鐵銬一件，鑄造，表面鏽蝕，略呈長方形，上有銎口，作梯形，偏鋒，刃部殘。

老韓山遺址出土的陶器大多較粗糙，陶豆胎質稍細，豆柱長而空心，豆盤淺，大敞口，與三統河流域原始文化遺址的內涵相同，下限亦進入了漢代。

▲ 老韓山遺址北側

小城子遺址

　　小城子遺址位於柳河縣城西南十二千米安口鎮大廟屯北，南距大廟屯約兩百米，北為平闊的河谷地帶，距一統河約兩百米，西面距一統河約一百米，隔河與五人班村相望。遺址處在較平闊的河川谷地，是一統河水沖刷淤積而成，土質肥沃，宜於耕種。遺址面積很大，東西長約一千五百米，南北寬約八百米。地表可見零星泥質灰陶片。當地群眾改旱田為水田時，在耕土層下發現大量的紅燒土和鍋灶遺跡，同時出土了銅器、鐵器和瓷器。農民侯德才在一房址處就發現文物三十六件。

　　採集和徵集到出土主要文物有：銅玉壺春瓶一件，鐵車一件，鐵藥碾一件，鐵刀兩件，鐵銼形器一件，鐵帶扣一件，鐵鏃二十五件，銀簪一件，黑釉瓷罐一件。小城子遺址出土遺物較多，內涵豐富，器物特點風格明顯，是柳河境內一統河流域不多見的大型遺址。整個遺址年代上限可到遼代中期，下限不會晚於元代初年。小城子遺址的發現對於瞭解柳河縣的歷史，深入研究遼金時代的經濟文化發展及對通化地區的統治，具有極為重要的意義。

▲ 小城子遺址

▌釣魚台古城

　　釣魚台古城位於柳河鎮東北約兩千米的一座孤山上，地理位置險要。古城利用山上平台和山勢走向壘牆而成，形制不規則，可見內外兩重城垣。內城平面略呈橢圓形，城垣周長四百米，構築在山頂的最高處。南城垣憑藉斷崖為壁，略加土、石塊、碎石混合壘築，其餘三面隨山勢以土和碎石夯築。城內經多年耕種，水土流失及自然損毀嚴重，城垣上部已頹廢，基礎及殘存部分為一條突棱。北牆西側設一門，寬約四米。門外山坡平緩，為城內交通要道。外城構築較簡陋，周長七百米。城區範圍主要向北擴張，距內城北牆五十六米處，由西向北、東，至東南轉角處，構築起一半圓形城垣，西、南兩面則以陡峭的山坡、斷崖為牆壁，與內城組成內切圓形雙重城垣。殘存外城北牆西北部與內

▲ 釣魚台古城遺址遠景

城門相對處，有一處九米寬的外城城門遺址。

　　釣魚台古城面積雖小，城內遺物遺跡卻比較豐富，除內城平台外，內外城之間偏北一帶暴露遺物較多。城外採集陶片二十餘件，均為手製夾砂陶，陶質粗糙，多為素面，表面抹光。有少量紋飾陶，燒製火候略高，顏色有紅褐、灰褐與黃褐幾種。從地理位置和城垣構築看，應屬於軍事防禦性質的嶂塞。它的構築年代約當戰國末至漢代。

▲　釣魚台古城遺址西側

羅通山風景旅遊區與羅通山城

　　羅通山風景旅遊區位於吉林省柳河縣東北部，距縣城三十五千米，相傳唐代名將羅士信之子羅通掃北到過此山，故得名「羅通山」。其山體呈東北——西南方向延伸，是長白山系龍崗山脈北部支脈，長十千米，總面積六二六七公頃，其中山巔面積三一三三公頃，最高海拔一〇九〇米，森林覆蓋率百分之九十六。羅通山有重巒疊嶂的山峰，宏偉壯觀的古城，嵯峨奇麗的怪石，深奧莫測的溶洞，千姿百態的奇樹，淨如玉液的碧潭和古老幽靜的廟宇，是遠近聞名的風景旅遊勝地。

　　羅通山自然景觀優美，融古城、險崖、奇峰、幽洞於一體，獨具特色。有臥虎頂、三清宮、鎖龍潭、回馬嶺、刀尖峰、水簾洞、背陰洞、影壁崖、烽火台、展覽館、刺榆群、老古井、點將台、演兵場、熔洞、穿心洞、通天洞、道士洞、蜜蜂崖、南天門、一線天等眾多景點，以險、奇著稱。羅通山之險在於：峰巒峻拔，幽谷深壑，雄偉壯麗，氣勢磅礴。臥虎頂雄關漫道，扼守城

▲ 羅通山風景旅遊區

郭；刀尖峰直插雲霄，俯視雲海；回馬嶺懸崖陡峭，畏途巉岩；山間甬道似天梯石棧，百步九折。羅通山之奇在於：自然景觀和野生動植物奇特。背陰洞、穿心洞、水簾洞、通天洞給人神祕莫測之感，影壁崖、一線天令人頓生石破天驚之奇。茂林古樹參天蒼勁，名貴藥材種類繁多，鹿、狍、獾、狐常有出沒，禿鷲和黑鸛等珍禽盤旋於懸崖密林之間，水簾洞中還有十分罕見的四腳魚（蠑螈）。

該風景區以古城為代表的歷史人文景觀，以水簾洞、背陰洞等喀斯特熔岩地貌為代表的地質景觀，以特有石榆、野生動植物資源為代表的生態景觀，以道觀三清宮為代表的宗教旅遊景觀融為一體，獨具特色，可謂城古、洞幽、崖險、林密、峰峻、景秀。

羅通山風景旅遊區以「羅通八景」馳名全國。

古剎龍潭　羅通山城中，有一群峰環拱巨樹圍繞的鎖龍潭，酷旱不涸，暴雨不溢，潭面達一三〇〇平方米。龍潭北為三清宮，三清宮古剎始建於明末清初。原全國道教協會副會長、北京白雲觀講經大師曹信義早年出家居住此觀。日偽「並屯」時，三清宮被焚燬。一九九三年八月，重建三清宮，恢復原貌。

虎頭崎雄　虎頭峰位於羅通山西南端，高近百米。險崖頂端向前斜傾，恰是一個巨大虎頭仰天長嘯，雄風凜凜。一千七百年前所建城堡的西南角樓就建在虎頭峰頂，係南門鎖鑰，西城屏藩。光緒二十七年，忠義軍首領王合達率軍在此痛擊沙俄侵略軍，大獲全勝。

影壁挺秀　影壁砬子挺立於羅通山主峰和倒傾砬子中間的幽谷深壑內，孤高挺秀，突兀崢嶸。長達百餘米，高近四十米，寬約一米。峰巔生有奇松和怪榆，蔚然深秀，獨具風姿。石壁南端的絕頂之上的古石榆，歷經千年，竟將堅硬的石壁從上至下漲開約二十釐米的一道裂隙，又深深紮在深谷中，以柔克剛，歎為觀止。

水洞飛瀑　水簾洞位於羅通山南麓，素有「吉林第一洞天美稱」。洞口坐北朝南，高約二十米，寬約十米，洞深近五〇〇〇米。北側洞口有懸流飛瀑，

訇然下瀉。水簾洞地質年代約在四億七千萬年以前，相當於寒武奧陶紀。洞內石鐘乳列筍懸柱，參差豎立，奇形怪狀，千姿百態。

背陰通幽　背陰洞坐落在羅通山北麓，和山南水簾洞隔山相背。洞中有洞，構造複雜，參差錯落，洞岔諸多，有五層天洞，七層地煞（層層豎井組成的岩溶結構），形成「地下迷宮」，在全國喀斯特熔岩地貌和石灰岩溶洞中都比較罕見。在洞中發現很多遠古動物化石。

穿心奇竇　穿心洞位於羅通山北端一條南北走向的支脈中，屬於明洞，全洞貫穿山體，有東西兩個洞口，遊人入洞，空穴來風，神清目爽。洞長近百米，可容千人。相傳二郎神趕山山不走，一拳洞穿山前後，形成穿心奇洞。曾於洞內發現石刀、石斧等磨製石器，通過考察認為一支原始先民部落曾在此定居。

通天怪穴　通天洞位於羅通山東城南側的五花砬子懸崖峭壁中，洞口朝南，巍然向上拱起，高約二十米，洞身長約六十米，直達峰巔，與天相接，因此得名。

石門天關　羅通山東部長脖砬子石崖從上至下垂直斷開，天然形成一條前後貫通的石廊，東西兩廂斷崖絕壁，如刀削斧劈，峭直平齊，天成石門，人行石門廊道，仰首一望，青天一線，此處又稱「一線天」。

羅通山還有四大怪，得天地之靈氣，受日月之精華，涵養千百年，鍾靈毓秀，超脫神奇，博得萬人稱譽。

一大怪　岩石之上長韭菜。羅通山綿延盤環，峰迴路轉的高山之巔，鱗次櫛比的岩石之上，生長著一簇簇、一片片的天然山韭菜，它們生得葉片寬厚，顏色深綠，掐一片放在口中咀嚼，韭味濃郁，口感清新。其實，這些山韭菜原來也是人工所為。千百年前，守城士兵長年累月在城牆上巡邏，渴了喝山泉，餓了吃乾糧；他們種植的韭菜，年深歲久竟漸漸適應了岩石上的惡劣環境，長得十分茁壯。

二大怪　千年古樹石上栽。生長在險崖絕壁、岩縫石端的奇特樹種就是「石榆」。它們「咬定青山不放鬆，紮根原在破岩中」。這種奇特石榆的根系能

分泌有機酸液體，把石灰石中的碳酸鈣鹼性成分加以中和，變成養分吸收。石榆材質密度大，體積大，扔在水中沉底，這確是樹木中的一怪一奇。石榆適應性強，生命力旺，紮根岩石，蔚然成林，為羅通山壯色生輝，添奇增韻。這莽莽蒼蒼的石榆群中，不乏千年古樹，而且各具風姿。臥龍榆昂首凌空，翔鳳榆展翅欲飛，磐石榆歷盡滄桑，太極榆蘊含天地。它們一年三百六十五日，風刀霜劍嚴相逼，雲為乳，石為母，紮根岩縫不須土，生長峭岩危石壁，枝幹凌雲傲風雨，令人嘖嘖稱奇。而十八盤古道旁，南天門絕壁上的迎客榆，更是怪中之怪，奇中之奇，它斜身探出斷崖，躬腰伸向門闕，樹枝迎風招展，如揮臂迎接客人。

　　三大怪　百丈懸崖樹漲開。石榆紮根岩縫，拚命鑽擠，它一面分泌酸液，腐蝕岩石吸取營養，使岩層變軟、裂隙加寬；一面茁壯成長，枝幹茂盛，根系粗壯，日復一日，年復一年，竟將岩石漲開寬寬的裂縫。真是石抱樹、樹擁

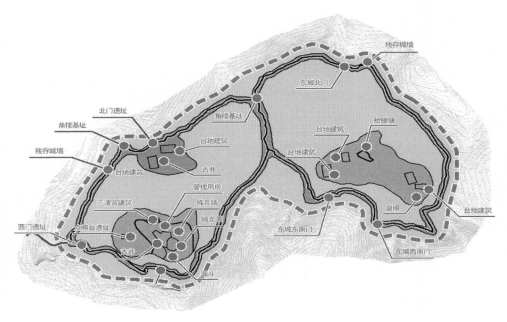

▲ 羅通山城分布圖

石，生生不息；樹漲石、石開裂，饒有丰姿。

四大怪　樹上長個猴腦袋。石榆紮根岩縫，根系發達粗壯，樹幹蒼勁盤曲，攢勁生長。由於以石頭為營養，長得枝如鐵、幹如銅、瘿瘤密布叢生。尤其是水簾洞西側崖畔的「猴頭榆」，更是活靈活現，妙趣橫生。這棵千年老石榆，樹身的瘿瘤足有圓桌面大，其狀漫圓，頂端扁平，形似猴頭，一目微閉，一目圓睜，如同遊人嬉戲，又顯玩世不恭，栩栩如生。樹幹上還有幾隻小猴頭，參差排列，遙相呼應，好像老猴王的隨從，列隊於水簾洞頂，遠瞻風起雲湧，近聽流水濤聲，令遊人叫絕，為觀者助興。

羅通山城位於柳河縣東北部三十五千米處，是羅通山風景區的核心區域。該城規模巨大，城牆周長七點八千米，由緊密相連的東、西兩城組成，中間共用一牆相連，整體如人的兩個肺葉，左右分開，又稱姊妹城，是古代「左右城」山城的代表作。城垣憑藉著蜿蜒起伏的山脊，充分利用自然山勢危崖峭壁的凶險築斷為城。山城面積一百五十八公頃，最高海拔一〇九〇米，扼三統河、一統河、輝發河上游，控制著南北通道，是一處重要軍事城堡。城內東北角樓遺址、西北角樓遺址、點將台遺址、蓄水池遺址、演兵場、古井、兵營遺址保存完好。

一九八〇年五月，吉林省文物工作隊在羅通山西城內開挖兩米乘五米深溝兩條，並於西城北門一側進行了局部清理，出土、徵集文物共三十七件。

陶器　分泥質陶和夾砂陶兩類，主要出自 T2 二層和東城一、二號台地，砂粒勻稱，胎質稍粗糙，火候不高，顏色較為斑駁，紅褐、灰褐、黑灰色均有，無完整器，陶片較為碎小。泥質陶數量較多，兩城均有發現，其胎質較為細膩，器壁較為勻稱。皆為黃褐色，燒造火候不勻，較為完整者三件。

陶罐　兩件，均為手製輪修，素面。羅采：01，尖唇，侈口，鼓腹，平底。口徑十五釐米，底徑 12.5 釐米，通高 9.8 釐米。羅采：02，為雙唇平沿，短頸有肩，斜腹平底。口徑 17.8 釐米，底徑 13.6 釐米，通高 9.6 釐米。

器蓋　一件，形如翻置的豆盤，柄鈕已殘，直徑 8.6 釐米，殘高 3 釐米，

上部殘作圓孔。

鐵器　主要是鐵鏃，共四件。可分兩式：

I式兩件。鏃身扁方，前刃平齊，後有圓鋌。羅T1②：1，全長11.5釐米，羅T1②：3，圓鋌已殘。

II式兩件。鏃身作扁平菱形，兩側鋒刃，鏃身寬大，長於圓鋌。羅采A207，全長10.8釐米，刃寬5.9釐米。羅采：06，鏃身稍瘦。

此外全出自T1二層的鐵器殘片均為鑄鐵，碎片較小，似為鍋、鏵殘件。

玉器　兩件，皆於城中拾得，徵自群眾之手。其中玉環一件，內徑5.6釐米，外徑7.3釐米，斷面為圓形，淺綠色，精緻，瑩潤。扳指一件，淡黃色，管狀，一端內側刮削出斜面，內徑2.2釐米，外徑2.9釐米，高2.3釐米。

鎏金飾件　兩件，皆為銅質，表面鎏金，其中帶扣一件，扣圈平面略作矩形，一端損凹，扣針套在中間橫梁上，轉動靈活。寬2.6釐米，全長3釐米。斷面為圓形，表面鎏金。花形飾一件，中間有一圓孔，為黃銅鍛製的薄片，表面鎏金，十分光亮，直徑3釐米。

瓷片　共三件，出自T1二層。殘片皆較小，器形不明，其胎壁略薄，質地稍粗，顏色白中泛黃，一片有細小開片。

銅錢　二十三枚，皆採自城內。其中有唐代「開元通寶」「乾元重寶」，宋代的「宋元通寶」「皇宋通寶」「聖宋元寶」及遼、金錢。

年代較早的是兩枚漢代五銖錢。其中一枚五字中間兩筆較直，「銖」字的朱方折，金旁字頭如鏃，當為西漢宣帝時五銖；另一枚「五」字中間兩筆彎曲，「銖」字的銖頭圓鈍，當為東漢時的五銖錢。兩枚五銖錢字體均為小篆。

羅通山城歷年出土和徵集的文物有：

石刀　出土於蓄水池畔，磨製精細，刃部鋒利，鑽有雙孔，以便綁紮木柄，利於切削。

石斧　發現於古城北門東側山坡上，係花崗岩磨製，斧頂漫圓，斧身圓柱形，便於把握。刃部鋒利，可用於砍削木棒，剝取獸皮，切割獸肉。

石臼　出土於鎖龍潭東側，係花崗岩鑿製而成，底部被石杵搗磨得非常光滑，可見當時曾長期用其搗擊。

石碾　放置在演兵場西南側，碾盤直徑兩米，碾砣重逾千斤。

光明鏡　出土於西城台地遺址間，青銅質地，直徑七釐米，厚〇點一釐米。鏡鈕日球狀，紋飾光束形，外圈幾何紋，有迴環八字銘文：「見日之光，天下大明。」製鏡運用「水銀沁」高超工藝，形成一層保護膜，沉埋土中千餘年，卻無鏽蝕，光潔如新，仍可照人，形制同中原地區出土的光明鏡如出一轍。一九八二年四月，經省文物考古研究所所長方起東先生鑑定，確為漢代遺物。

雙龍鏡　出土於羅通山下，當地農民耕地時發現，後送交省考古研究所珍藏。鏡為黃銅質地，直徑二十二釐米，厚一釐米，重兩公斤。鏡背飾雙龍紋，鏡鈕呈圓球狀，二龍奮爪張牙，爭奪寶珠，四周襯以雲水波浪紋，造型生動。邊緣刻有六字銘文，經遼寧省社會科學院金啟琮教授辨識為契丹大字，確定為遼末金初遺物，對研究遼代歷史、契丹文字有重要參考價值。

雙鯉鏡　發現於蓄水池邊，係金代遺物。女真族喜漁獵，沿襲中原漢族習俗，視鯉魚為吉祥之物，故製鏡喜用雙鯉圖案。鏡鑄飾二鯉魚，首尾銜接，如洄游追逐，鰭尾奮搖，似衝波躍浪。周圍襯飾荷花枝葉，恰如一幅鯉戲青蓮圖。

古劍　羅通山古城曾先後發現三柄漢劍。一柄為銅格長劍，風格古樸，修長美觀，劍身通長近一百釐米，刃寬〇點九至三釐米，堪稱長劍之冠；另柄為環首短劍，劍身呈柳葉狀，形體秀麗勻稱。通長四十二釐米、寬一點四釐米。環首已斷，鍔刃鋒利；再柄為雙鳥回首銅柄鐵劍，將青銅之華美、鑌鐵之鋒利合二而一，成為精美絕倫的兵器。此三劍，均具典型中原地區漢代風格，足見這一地區同中原早已在政治、軍事、文化諸方面有密切連繫。

金代鐵鍋　發現於環路北側金代遺址內，係生鐵鑄造，鼓腹斂口，飾有弦紋，附鑄板耳，便於安放。口沿直徑四十釐米，深三十二釐米，厚重堅實，便於馬上攜帶或隨時砌灶使用，係游牧民族特有的炊具。鍋底炊煙厚積，顯然是

久用之物。同時發現金代「正隆元寶」銅錢，斷定確為金代遺物。

漢代鐵鐝　發現於西城北牆附近，古採石場內，年代約為東漢末期，係用生鐵鑄造，形狀漫圓，刃口較短，重逾五〇〇〇克，堅固耐用，適於開山辟石，刨地墾荒。羅通山大部分城牆用條石砌成，鑿取岩石，多賴於此類鐵鐝之力。

貝幣　一九三四年發現於蓄水池北側，一九八四年收集並送交通化地區文管會收藏。貝殼呈卵圓形，光滑細膩，質地堅硬，其背部弧狀，腹面稍平，殼口狹長，兩緣齒形，色澤潔白如玉，體態小巧玲瓏，是原始形態貨幣中的珍品，同時發現的銅貝，是仿鑄背磨式天然貨貝，長二點七釐米，寬一點七釐米，重四克。鑄造工藝高超，形狀酷似貝殼，通體銅綠斑駁，是原始形態金屬貨幣中的精品。

新莽貨泉　王莽先後進行四次貨幣制度的改革，盡量恢復、依照古代貨幣的形式，其「貨泉」製作精美，錢文採用「垂針篆」，筆畫纖細秀美，堪稱藝術珍品。王莽當政時曾徵調高句麗軍隊討伐鮮卑，貨泉可能此時傳至羅通山。

▲ 出土鐵鐺

鐵車輨　兩件，出土於羅通山東城山下。形制相同，均為齒輪狀，外緣鑄造有六個對稱的方齒，鑲入車輪木轂中。車的大小不同，大的直徑長十三點二釐米，小的直徑八點四釐米。為金代遺物。

鐵車輨　一九八五年五月，出土於羅通山城東城山下，與完整的鐵車

▲ 出土灰質陶罐（殘）

共出，亦為兩件。是插在軸頭防止車輪脫出的一種車具。此兩件車轄形制相同，為扁長方形轄身。轄首厚重，與轄身呈短十字頭。一件長十四點七釐米，寬三點三釐米，厚一點一釐米，另一件長十三點二釐米，寬點二點六釐米，厚一點〇釐米。此對車轄與車同出，說明應是一車上的用物，同屬金代。

羅通山城及城內相關遺物，既有軍事用鐵器，又有生活用鐵器，既有生活房址等遺址，又有農作物遺物，為研究當時古代東北與中原地區及其他少數民族的文化交流連繫提供了重要實證。

羅通山城的城牆、城門等遺跡保存較為完整，其對自然地形的利用方式、城牆砌築工藝以及甕門、角樓等防禦設施的做法，是研究古代山城建築技術及防禦技術的重要參考實例。

就對自然地表的利用方式而言，羅通山城選址於羅通山頂，羅通山山頂四周山脊高起，圍合出若干山頂盆地。羅通山城的城牆沿山脊修築，在地形陡峭處以天然懸崖峭壁為自然城牆，其餘部分則隨山勢壘砌石牆，山勢愈平緩，地勢愈低窪處，石牆則愈高。在城牆內平地中，則靠近水源來修築城市中的建築。羅通山充分體現中國古代山城在城市選址及城市建築中對地形選擇及利用上的特點。

就城牆建築工藝而言，羅通山城的城牆為土石混築，先將山脊略加平整，再砌築兩層至五層的基石，然後用加工工整的石料壘砌兩側面石，中間用土和碎石填築，城牆的頂部殘跡一般是外側高於內側，可能當時築有女兒牆。羅通山城是土石混築式城牆較為典型的實例之一。

就防禦設施而言，羅通山城西城的西門、北門均採用甕門做法，當城牆修築到城門處時，向城內呈弧形凹入，再入凹處中部砌築城門。在西城東北城角和西北城角均有角樓台基遺址，尤其是西北角樓，位於羅通山城最高點，在此四望，整個羅通山城盡收眼底，具有重要軍事價值。甕門與角樓設置，充分體現中國古代東北山城軍事防禦技術特點。對點將台、演兵場、角樓等軍事設施佈置形式，在城中相對位置關係等研究，加深了人們對中國古代東北的軍事訓

練、戰時通訊理解，進一步豐富了中國古代東北軍事研究成果。

羅通山城東西兩城緊密相連，有如人體兩個肺葉，一端聚攏，一端向左右分開，中間一段城牆相互借用。一旦遇到戰爭，兩城可互相拱衛，形成一個整體共同對抗敵人。羅通山城「左右城」的城市布局形式豐富了古代山城及中國古代城市的布局典型。

羅通山城控制著通化山區的門戶——一統河、三統河及輝發河上游地區，卡住平原與山區交通要道，是中國古代東北的重要軍事城堡，羅通山城為研究中國古代東北交通狀況與以山城為主的軍事防禦體系提供了重要資料。

羅通山城是當地重要歷史文化資源與旅遊資源，通過對遺址的合理利用，有利於促進當地物質文明建設和經濟發展。

羅通山城具有較好的觀賞價值與較便利的交通條件，適合於對遊客開放展示。在堅持「保護為主，搶救第一」的前提下，可以對遺址進行合理利用，使羅通山城對當地物質文明建設和經濟發展做出貢獻。

▲ 羅通山城

羅通山城在設計及建築結構上經通盤考慮，由東西兩座相連的城組成姊妹城，樣式奇特，所見不多。城垣的構築方式是「築斷為城」，借用陡峭山脊相連，以石裹土的人工牆建築起於山梁低凹處，渾然而成一體。城內有建築基址平台、泉眼、水池，遺址出土文物的年代及文化內涵相同。這些充分證明，羅通山城東西兩城原為一整體，作為同一時期的文化遺存是可以的。然而，就其作用和建築時間的先後是不同的。從城垣構築看，西城設計精密，結構嚴謹，用材加工細微，合理，人工構築牆垣長，堅固整齊，保存尚好。東城則明顯表現出草率倉促，用材亦很隨意，頹圮較多。

　　羅通山城以山間緩坡為中心，以山脊自然形勢與人工石垣為城牆，「築斷為城」，城內建築、角樓、甕門及布局都具有一定的特點。從山城形制布局結合城內出土的文物看，羅通山城建造時間，約當魏晉之際或以後，遼、金沿用。

▌孤山子古城

　　孤山子古城位於柳河縣城東二十二千米孤山子鎮新安村後崗。東距孤山子鎮一點五千米，南距新安村兩百五十米。古城北依綿延起伏的丘陵地帶，西靠半截山，東面、南面是三統河流域的沖積平原。三統河由西南向東北流經新安屯東南，一條小河從古城東側窪地流過，在新安村東南匯入三統河。古城平面呈長方形，方向為南偏東十五度，周長四百五十五米，其中南、北牆垣長為一百二十五米，東牆長一百〇五米，西牆長一百米。城內地勢西高東低，為多年耕種的山坡地。由於自然傾頹和人為毀壞，城牆土垣破壞嚴重，上部均已無存，下部及基礎尚存，高出耕地平面。牆基寬一般為六米至八米，殘高一米至兩米。城垣除西南角和東牆南段被取土毀壞之外，其餘牆垣尚殘存，可見土城

▲ 孤山子古城東南角

輪廓。從城西南角毀壞牆垣斷面可以看到，城牆土垣係分層夯築，夯層清晰。構築城牆順序是先用碎石（河卵石和石灰石塊）作基底，然後用黑、黃混合土分層夯實，夯層薄厚不等，分層大體為十五釐米至二十釐米。夯土層中夾有零星青磚殘塊和黃褐陶片、灰陶片之類遺物，下部還可見有紅燒土和木炭碎屑。這些遺跡表明，城垣建築之前曾有人在此居住過。西牆南段，從斷面發現牆垣內外兩側有用磚砌築的痕跡，推測在建城時，可能在某些牆段採用了磚貼面的建築方法。古城有一門，開在東牆南段，由於毀壞嚴重，門址已分辨不清。據當地群眾介紹，早年東牆南端有一寬約八米豁口，有道路與城外交通，應當是城門舊址，豁口外側還有一段彎曲牆垣，是甕城遺跡。

從孤山子古城形制、城垣構築方式，以及城內出土的器物分析，應該是遼金時期的古城。城內遼金文化層下面可能存在漢代至原始文化的遺物。

▲ 孤山子古城遺址東側

大花斜石棚墓

　　大花斜石棚墓位於柳河縣城南約三十四千米的紅石鎮大花斜村北山梁上，距村約五百米，北與群山相連，山後約六千米處為野豬溝石棚墓群，山坡上有一條大花斜村通往山裡的小路，墓群東南距由家村約二點五千米，東距紅石鎮政府所在地約三點五千米。墓群東為斷崖，崖下地勢平緩，南面為開闊的河川地，現已開墾為水田。水田中有一條小河由西向東北流去，匯入三統河。墓群所在山梁為東西走向，墓群分布在東西長四百米、南北寬三十米的三個小山包上。據當地百姓說，原山梁上有古墓幾十座，一九七六年修梯田時毀壞一批，現僅存七座古墓。地表僅見三座古墓，其餘各墓石板倒塌、殘碎，已難辨原貌。

　　大花斜石棚墓群現存古墓可見石棚墓和大石蓋墓兩種，屬於同一時期。從墓葬形制及結構情況看，與野豬溝石棚墓群年代相近，約當春秋戰國時期。

▲ 大花斜石棚墓 2 號墓

▌通溝墓群

通溝墓群位於柳河縣城南三十八千米柳南鄉通溝村西北山坡上。墓群南距村子五百米，東距通溝火車站七百米，西連群山，東面亦為高山。通溝村處在山谷之中，東南為山谷平川，山下有一座水庫，水庫東約一千米為通梅公路。墓群分布在一個南北走向的山梁上，南北長四百米，東西寬一百米。原有古墓四座，現僅能看見兩座土坑石蓋墓，兩墓相距僅三米，地表僅露墓頂石，墓室埋於地下。另兩座墓殘存石板已倒塌損毀，只存殘部，難以窺其原貌。

通溝墓群既存在石棚墓，又存在土坑墓，年代約當春秋戰國時期。其中土坑石蓋墓年代可能稍早，大體上不會早於西周時期。

▲ 通溝墓群 3 號蓋石墓

三塊石石棚墓

　　三塊石石棚墓群位於柳河縣城東三十二千米的姜家店鄉三塊石村西南三個小山包上。墓群距村子約五百米，山南有一條小路通往鄉辦水電站，相距約一千米，墓群西北約一千米為三合村東山遺址。墓群北面與東面為起伏的群山。可見古墓十座，大都有蓋頂石和立石。暴露於地表的石棚墓破壞嚴重。十座墓分布在三個小山包上，一號至二號為一組，三號至六號為一組，七號至十號為一組，各組相距約一百五十米。古墓分兩種形制，地面上立石並加蓋頂石者，一般稱石棚墓；另一種大石蓋頂，墓室埋於地下，有的以石板為壁，有的夯土墓壁，一般稱為大石蓋墓。

　　柳河的石棚墓與大石蓋墓很可能是從遼東向北發展的一個區域性環節，墓群的年代與之相同，均為春秋戰國時期的墓葬。

▲ 三塊石石棚墓 9 號墓

太平溝墓群

太平溝墓群位於柳河縣城東二點五千米太平溝村東南山梁上。墓群距太平溝村一千米，東為連綿山峰，南面平坦開闊，已開墾為耕地，耕地中間有一條小河從東南向西北流入一統河。古墓群分散在山的西坡上，北側山坡下有一藥廠，西側山坡下為通梅公路。太平溝墓群現存二十四座古墓，大體上成南北兩片。南片有二十座，北面一片四座，兩片之間相距約五百米。墓群中有幾座保存尚好，較為典型的古墓有三號墓、十一號墓和十四號墓。

太平溝墓群大體上可分為兩種形制，即石棚墓和石棺墓，兩種墓屬於同一時期的墓葬，石棺墓可能晚於石棚墓。整個墓群的年代與本縣野豬溝、三塊石墓群的年代相當。

▲ 太平溝墓群

大沙灘石棚墓

　　大沙灘石棚墓位於柳河縣城西北二十二千米的安口鎮大沙灘村西山脊上，距大沙灘村約三百米。石棚墓現存三座，均為地上石棚墓，石板經過修琢，巨石蓋頂，結構嚴謹，高大整齊。一號墓居南，方向一百八十度，現存墓室三壁、蓋和底石，其上積有淤土，土中未見遺物。石棚墓有兩座保存完好，一座已倒塌。

　　大沙灘石棚墓雖僅存兩座，但形制頗具特點，外形壯觀，上寬下窄，構造工整，是柳河境內典型的石棚墓。經考證，為春秋戰國時代石棚墓。

▲ 輝發河上游石棚墓群大沙灘 2 號墓正面

長安石棚墓

長安石棚墓群位於柳河縣安口鎮長安村東山梁上，原二次普查時僅發現二座，三次複查時發現了四座。一號墓位於山梁東側，與其他三座墓相距一百米，墓已倒塌，僅能看見墓封頂石。二號墓至四號墓位於山梁西側，三座墓呈東西走向分布，均已倒塌，二號墓殘存北側墓壁，三號墓殘存南側石壁。在二十世紀八〇年代中期，因當地村民對石棚墓多次破壞，將二號墓頂石移開發現，石棚墓內有九顆人頭骨，具此推斷該墓為多人合葬。

長安石棚墓與大沙灘石棚墓相距較近，墓葬形制與大沙灘石棚墓相似。石棚墓的年代也與大沙灘石棚墓相似。

▲ 長安石棚墓 3 號墓

集安屯石棚墓

　　集安屯石棚墓位於柳河縣聖水鎮太平川村集安屯西南 1.5 千米山岡上。石棚墓所在的山岡為南北走向。石棚墓由兩塊經過加工的石板支撐，上面覆蓋一塊巨大石板，保存尚好。蓋頂石長 3.50 米，寬 2.85 米，厚 0.35 米。墓東西兩壁均長 3.40 米，高 1.15 米，厚 0.25 米，北壁長 1.40 米，高 1.10 米，厚 0.30 米。南壁已殘。此墓露於山崗上。

　　集安屯石棚墓僅存一座，墓葬保存較好，外形壯觀，上寬下窄，構造工整。經考證，為春秋戰國時代石棚墓。

▲ 集安屯石棚墓

宋家油房石棚墓

　　宋家油房石棚墓位於柳河縣柳河鎮宋家油房村北二點五千米崗樑上。石棚墓東、西、北三面連著群山，山岡下為當地群眾的果樹園，崗梁下有一條鄉間土路通往宋家油房村。現僅存石棚墓一座。石棚墓僅存蓋石和西側墓壁，東側墓壁已倒塌。

　　石棚墓的形制與大沙灘石棚墓大體相似，年代也與大沙灘石棚墓大體一致，為春秋戰國時期。

▲ 宋家油房石棚墓

▌林家溝石棚墓

　　林家溝石棚墓位於柳河縣城南三十四千米的紅石鎮紅石村西北林家溝北山脊上，距紅石村一點五千米，西距西安村一千米，南為開闊地，墓葬的山腳下有一條紅石河由西向東流入三統河，東為紅石村，北為蜿蜒群山，整個地勢依山臨水。林家溝石棚墓群現存石棚墓五座，為西南走向，順山勢而立。其中一號墓僅存東西兩壁，可看出是石棚古墓，墓室淤土較多，未見其他遺物，西壁長 1.60 米，高 0.6 米，厚 0.12 米；東壁長 1.60 米，高 0.40 米，厚 0.12 米。2號墓一九七八年被群眾用炸藥毀壞，已無法測量。其餘三座已坍塌。

　　林家溝石棚墓為春秋戰國時期遺物，應在燕國管轄區域。

▲ 林家溝石棚墓

康石古墓群

　　康石古墓群位於柳河縣東北約三十四千米的聖水鎮康石村果園內,東北距康石村約三百米,北距太平川村約一點五千米,其間為漫崗丘陵;西面是群山,群眾俗稱為康石砬子;東距柳河與輝南交界處約四千米。墓群南面山腳下有一水庫,水庫東南為集安屯,康石村與集安屯相距約兩千米。墓群所在的山坡面積較大,古墓分布在南北長五百米,東西寬三百米的範圍內。現有古墓八十餘座。據當地群眾介紹,墓群內原有古墓一百餘座,一九七四年修梯田時毀壞一些。一九八二年搶救性發掘一座遭破壞的古墓,墓內出土一件泥質陶罐和一件鐵鍬。

　　康石古墓群基本以封土墓為主,墓內出土的陶罐與和龍北大渤海古墓中出土的陶罐相同。根據出土遺物和墓葬形制看,墓群應是渤海時期的古墓群。

▲ 康石古墓群遺址西側一角

野豬溝石棚墓

　　野豬溝石棚墓群，位於柳河縣城南二十八千米（直接距離）蘭山鄉野豬溝村西北山梁上，此處原為果園。這裡為三統河支流發源地。墓群所在山梁大體上為東西走向。共有三座石棚墓，於墓周圍採集到夾砂褐陶器底和空心圓柱陶豆柄等器物。

　　三座石棚墓相距不遠，形制和大小各異。一號石棚墓，地上僅見東、南、北三面立石，未見有石板鋪底，蓋頂石亦不存在。二號石棚墓距一號石棚墓十五米，形制與一號石棚墓基本相同，僅存東西兩面石壁。三號石棚墓距二號石棚墓三十米，與前兩座石棚墓略有不同。此墓四壙不是石板作壁，而是用黃泥土混合壘砌，上面以大石蓋頂，蓋頂石為青色砂岩稍加修琢而成，呈不規則橢圓形。野豬溝石棚墓群的墓葬年代約當春秋、戰國時期。

▲ 野豬溝石棚墓遺址

劉公抗俄石碑

　　劉公抗俄石碑位於柳河縣城南三十千米的五道溝鎮沙家街村西山上。一九二七年（民國十六年），劉寬之孫劉玉祥出任柳河三區二道溝巡官，與好友廉瑛樓述其事，廉為之撰寫此碑文。碑身高一點八〇米，寬〇點六〇米，厚〇點三三米，共十八行六百二十九字，字跡清晰，陰刻趙體，豎書，撰刻俱佳。一九八三年，柳河縣文化館曾對此碑進行過調查。一九八五年六月，柳河縣文物普查隊進行複查和捶拓。發現此碑時，碑身與碑額、碑座分離，橫陳於耕地中。一九八七年三月，柳河縣人民政府將其公布為縣級重點文物保護單位，隨後重新立起石碑。一九九五年被山洪破壞，一九九六年重新立起。據當地群眾反映，早年劉寬墓尚在，解放前有其後人來過，隨著時間的流逝，因無人看護、風吹雨蝕被破壞，造成墓流失，查史料無記載。早年石碑雖遭到不同程度破壞，但近年來採取各種措施，加強保護效果明顯。

　　劉公抗俄石碑真實地記錄了日俄戰爭給中國人民帶來的巨大災難和民眾奮起反抗的鬥爭場面，極為生動、具體，是我們瞭解柳河人民抗俄鬥爭的實物資料，也是開展愛國主義教育的極好鄉土教材。

附劉公抗俄石碑碑文：

劉公諱寬墓誌銘

　　光緒甲辰，日俄構釁，以吾東三省為戰場。哀我同胞，橫被蹂躪，人民忍受莫敢支吾。地方有司無力救護，其有以匹夫，激於義憤拚命與抗者，則吾劉公是也。

　　公諱寬，遼陽望族，至公以行善落其家。遂於光緒初年遷於柳河縣南之博雅溝家焉。原配任氏，繼娶曲氏，有子六：興隆、興林、興朗、興文、興武、興權，半務農半就讀。公方嚴正直，喜交結好施予。拯救孤

獨，千金不吝。夫人性皆慈祥，治家以勤，不數年，家財日增。為諸子擇婚配，家庭之間，愉愉如也。不幸而日俄之戰起，庚子以後，國家新敗。日俄謀我日亟，終且以相嫉而相戰。柳屬小城子一帶，俄之「哥薩克」騎兵連營列幕，互數十里不絕。「哥薩克」騎兵世所稱為勁旅也。凶悍而無紀律，到處搶掠，為所欲為。復雇我國奸民，供其役使，編為隊伍，即俗所稱為「洋隊」者也。「洋隊」日領俄兵紛赴各鄉，掠財物，搶牛馬，甚至雞犬無留。居民俯首忍受，不敢與較。地方長官無如之何，是以無老無少，坐相愁嘆。見「洋隊」俄兵至，顫慄無人色，聽其摧殘以去。公深慨國衰民弱，受異族壓迫，解放無日，遂奔赴各鄉，謀練鄉兵自衛。奈以官

▲ 劉公抗俄石碑

民懍於積威，無贊同者。而公隻身赴難之心決矣！於是懷利刃、荷火銃，時赴要路伺之，家人環跪，堅請勿往取禍，公弗聽。不數日，俄兵果來，已搶牛數頭。公懷利刃往突，向某「洋隊」胸前猛刺之。踣俄兵訝其非常，倉皇架傷者狼狽逃移。時俄兵齎至，公挺身出，發火銃，俄兵數人倒。惜火力弱，皆未即死，公遂遇害。家人群起向前救護，公之次媳盛氏右股傷焉。時公年六十有三，光緒甲辰二月二十二日事也。

民國丁卯，公之孫玉祥，充柳河三區二道溝駐所巡官，少年英俊，警界幹材。與余交最契，嘗為余述其祖死難事甚詳。春二月，將刊石紀之，求銘於余，余以公之歿也，功在鄉邦，敬為之銘。

銘曰：嗚呼！劉公之墓。

代理柳河二區區官

廉瑛樓

敬撰並書丹

▲ 劉公抗俄石碑標誌牌

北山革命烈士陵園

柳河縣北山革命烈士陵園最初建於一九四九年七月，當年十月竣工，是柳河縣各界人士為紀念抗日戰爭、解放戰爭、抗美援朝戰爭中英勇獻身的革命烈士而建立的。一九七八年十月遷至柳河鎮北山，烈士塔坐北朝南，距縣城中心約一五〇〇米，相對高度約二十米。塔後松林中，為一排排烈士陵墓，周圍安靜幽雅，芳草青青，山花簇簇。二〇〇五年縣民政局精心策劃籌資復修擴建。二〇一〇年申報成為市級愛國主義教育基地。二〇一三年初，經省民政廳及柳河縣人民政府批准，投資擴建，佔地面積：三五六八八平方米，建築面積：一〇七五五平方米，墓區面積：三三二三〇平方米，建革命烈士紀念碑一座，將五道溝鎮、安口鎮、向陽鎮、聖水鎮及柳河鎮砬門村等零散烈士墓遷入此，安葬烈士遺骸七百九十一具。

▲ 在陵園舉行烈士公祭活動

▌三源浦革命烈士陵園

　　柳河縣三源浦革命烈士陵園位於三源浦鎮苗圃北山，安葬著抗日戰爭、解放戰爭、抗美援朝戰爭及和平時期犧牲的烈士。陵園始建於一九六七年春，由釣魚台、雷達連、大鐵爐、安仁四處烈士墓遷址形成。二〇〇六年曾進行過簡單維修，二〇一二年四月，經省民政廳及柳河縣人民政府批准，投資新建，將紅石鎮、柳南鄉及三源浦鎮德興村、蘭山村、紅星村等地零散烈士遷葬於此，二〇一三年八月勝利竣工。佔地面積一二五〇八平方米，建築面積二七八五平方米，墓區面積五三二〇平方米，新建革命烈士紀念碑一座，安葬烈士遺骸五百餘具。

▲ 三源浦革命烈士陵園

孤山子革命烈士陵園

　　柳河縣孤山子革命烈士陵園建於二十世紀四〇年代，一九七一年擴建復修至今，雖經歷年維護，然風雨侵蝕，碑體剝落，破舊不堪。二〇一三年初，經省民政廳及柳河縣人民政府批准，予以異地遷建。新陵園位於孤山子鎮大肚子村金鎖嶺，佔地面積九八〇〇平方米，建築面積一七六〇平方米，墓區面積四五〇〇平方米，新建革命烈士紀念碑一座，共遷移原陵園內烈士墓及涼水鎮腰站村、駝腰嶺鎮杜家村、姜家店鄉等地零散烈士墓一百七十座。

▲ 孤山子革命烈士陵園

涼水革命烈士陵園

　　石門嶺戰鬥是「四保臨江」戰役的一次主要戰鬥，涼水革命烈士陵園就是為紀念一九四六年在石門嶺戰鬥中犧牲的革命先烈而建。一九四六年一月十日，國共雙方簽訂《停戰協定》，六月，蔣介石發動全面內戰。一九四六年秋，國民黨一百八十四師在營口起義，乘火車到解放區臨江整編，師長潘朔端按東北人民自治軍指示離隊參加整編會議。該師副師長和部分頑固分子趁機策動嘩變，當火車駛進六道江附近菰園車站時，強迫司機停車，全師開往北山，企圖從板石溝經回頭溝、平安堡、吊水湖和平崗，投奔樣子哨國民黨軍隊。十月十日，該師逃竄到涼水回頭溝，柳河縣大隊獲悉情報後，隨即報告給駐守在涼水河子和孤山子一帶的東北人民自治軍遼東軍區三縱隊七師，七師從東大營

▲ 涼水革命烈士陵園

集合出發，冒雨行軍，在石門嶺與嘩變部隊相遇，經激戰，殲滅部分敵軍，一部分敵軍逃往回頭溝、大甸子一帶，東北人民自治軍遼東軍區三縱隊七師乘勝追擊，與埋伏在回頭溝一帶進行堵截的東北人民自治軍獨立二師五團二營兩軍配合，全殲嘩變部隊。在戰鬥中東北人民自治軍有少數戰士犧牲，被安葬在東山上。一九四七年春，在涼水河子街中心建造一座十五米高的木製烈士紀念塔，一九七一年七月重新修建磚石結構紀念塔並移址到東山烈士墓南面，形成涼水烈士陵園。二〇一三年初，經省民政廳及柳河縣人民政府批准，投資新建，陵園佔地面積四〇〇〇平方米，建築面積一〇三〇平方米，新建革命烈士紀念碑一座，安葬烈士五十一位。

▲ 涼水革命烈士陵園公祭活動

三仙夾國家森林公園

　　三仙夾國家森林公園始建於一九九二年，距柳河縣城東南十千米，因地處三人班、仙人溝、夾皮溝交界處而得名。一九九三年經國家林業部正式批准為國家級森林公園。歷經十餘年的興建與開發，森林公園現總面積為一三二〇〇畝，森林覆蓋率百分之九十五，擁有景點三十三處，是集野生動植物保護區與旅遊開發區為一體的生態型國家級森林公園。

　　公園遊覽路線八千米，分南、北兩線。南線從「三仙夾國家森林公園」山門起，經「柞樹坡」到「三岔口」行程三千米，沿線建有人工湖、賞月亭、游泳池、假山、賓館、荷花池、別墅、惜地亭、菊花亭、威虎廳、淨業寺、福興寺等景觀。其中人工湖可蓄水一五〇〇〇多平方米，湖水清澈，碧波蕩漾，七

▲ 三仙夾國家森林公園

仙女雕塑惟妙惟肖。賞月亭晚風吹拂，舉頭望月，怡然自樂。人工湖同時備有各式遊船，為遊人創造了優雅的環境。湖中魚兒輕輕游弋，也是垂釣愛好者的最佳去處。游泳池分深淺兩區，淺水區是孩子們夏季嬉戲的首選去處。賓館、洗浴中心、別墅、木屋為人們提供了聚會、休閒的理想場所。

福興寺坐落在三仙夾佛聖山上，佔地一〇〇〇〇平方米，建有大雄寶殿、觀音殿、法王殿、鐘鼓樓和三座配房，建築面積一〇六〇平方米，殿內供奉釋迦牟尼、觀世音等三十六尊佛像。寺內殿閣層層，雕梁畫棟宏偉壯觀，是方圓百里佛教信徒朝拜佛祖之聖地，也是遊人遊覽觀光的好地方。

北線從「夾皮嶺」山門起，經「三岔口」到「三人台」全程五千米，山路逶迤，森林茂密，峽谷幽深，素有「三十六盤」之稱。沿途建有財神閣、財源居、八仙亭、山神廟、楓林亭、怡心亭等景觀。財神閣、財源居為二層木製建築，佔地約兩百平方米，建築面積約一百平方米，其內供奉財神，是鴻商巨賈們求財許願之地。其他的亭台樓閣錯落有致地分布在蒼松翠柏之間，更顯其幽雅寂靜、莊嚴肅穆。久居鬧市，來此觀光，飽覽山林野趣，呼吸清新空氣，返璞歸真之感油然而生。

三仙夾森林公園景色如詩如畫，令人心曠神怡，樂而忘返。春季風和日麗，滿山滴翠，百鳥齊鳴，百花齊放，令人陶醉；夏季驕陽似火，漫步林蔭小路，雲霧繚繞，微風習習，倍覺涼爽清新，陰晴雨霧，亭午夜分，各有一番情趣；秋季天高氣爽，層林盡染，漫山紅遍，猶如步入五彩繽紛的世界；冬季白雪初霽，千里冰封，銀裝素裹，古樹銀花，分外妖嬈。

三仙夾山雖不高，卻綠蔭遮天；路雖不遠，卻遠離塵囂。度假三仙夾，提升人生境界。三仙夾公園是綠色旅遊、生態旅遊、環保旅遊、休閒度假旅遊的最佳選擇。

▎和平水庫

　　和平水庫位於吉林省柳河縣縣城西南方向的三統河河源紅石河上游，距縣城三十六千米，距通化市五十八千米。水庫始建於一九五八年，竣工於一九七三年，因在和平鄉境內，故名和平水庫。後經改建擴建，規模逐漸擴大至今，目前總庫容為二〇〇〇萬立方米，最大水深二十米，水庫大壩長約一〇〇〇米，二〇〇八年旅遊資源普查歸類為三級旅遊資源單體。

　　水庫在群山環抱之中，峰巒綽約，林木蔥蘢，植被茂密，水域面積開闊，自然景觀優美，具有防洪、發電、灌溉、養殖、旅遊等綜合效益，是人們休閒觀光、遊樂垂釣、品嚐美食、體驗自然的良好去處。觀禮橋是觀看水庫全景的

▲ 和平水庫

最佳地點，站在上面，整個水庫的風光盡收眼底，非常美麗壯觀。從外觀上看觀禮橋是一條彩虹的形狀，象徵著柳河人民的美好夢想和夙願。鳥瞰水庫，整個水面像一面碧綠的鏡子，遠方的山巒交錯起伏，環抱護衛著這泓碧水。蔥蘢的樹木映在湖面上，讓遊人分不清到底哪裡是水哪裡是岸。這裡看不到亭台樓閣，看不到任何人工的景觀，有的只是天然的恬靜與質樸。空氣是清新的，陽光是明亮的，林間的一草一木都透著生機和靈性。如果是早上，我們可以欣賞到日出，一輪紅日撞破山頭，光輝灑滿水面，波光粼粼，人在畫中走，美景心中留。可以攜家人看夕陽西照，晚霞如血，彤雲染紅了水面，會讓你發出「夕陽無限好，何嘆近黃昏」的感慨。在春天，能看到白鵝戲水、杏花喚春的盛景，此情此景，會讓你流連往返。在這裡，無論是清新奇特的自然景觀，還是濃郁樸素的人文景觀，都會令人陶醉其間，難以忘懷。

柳染丹青廣場

「柳染丹青」廣場為「一統河景觀帶二十一景」之一，以「柳染丹青」為主題，展現柳河「書法之鄉」的藝術魅力。廣場採用軸對稱式布局，軸線兩側的十四盞燈象徵著生活在柳河的十四個民族團結和諧。主題廣場核心區域抬高兩米，可滿足五十年一遇防洪標準。中心廣場兩側分別為一九○○平方米的休閒廣場。

柳染丹青主體雕塑取材「柳河山水皆詩畫·丹青史冊貫古今」之意，其設計理念以柳河地形輪廓為主體，突出「柳」字為創作內核，組圓成環，遞進拓展，「四香柳河」蘊含其中。十五顆璀璨明珠呈環形分布，緊密團結在「柳」字周圍，象徵柳河十五個鄉鎮齊心協力，共創偉業的發展局面；三十八根鋼管放射出奪目光芒，象徵柳河三十八萬人民萬眾一心、眾志成城的精神風貌。雕塑採用鏤空設計，不鏽鋼材質極具穿透力，在藍天白雲的映襯下，更加璀璨奪目，進一步激發柳河人民熱愛家鄉、建設柳河的豪情壯志。廣場依山傍水，突出了水為「靈」、山為「秀」、文化為「魂」的理念，通過建築、雕塑、小品等充分展現民族文化和地域文化以及特色鮮明的柳河精神。

廣場以北為顏色各異、整齊劃一的樹牆，斜坡小草青青，鮮花吐丹。東側晴帆高揚，杏林嫣紅。西側林帶多為珍奇樹種，高低錯落有致。南面長廊，遊人休憩、健身兩可，常有人置身其中演奏樂器，或引吭高歌。臨河是長長的木質柵欄，遊人憑欄觀賞柳河城景，一覽無餘，心曠神怡。

▲ 柳染丹青廣場

▲ 柳染丹青廣場

世紀廣場

　　世紀廣場是目前柳河城區中心最大的休閒娛樂廣場，北接振興大街，南與濕地公園相連，東與柳河第十中學鐘樓毗鄰，西為書法牆。廣場中心為主題雕塑「龍鳳呈祥」。音樂噴泉，驕陽高照，萬花紛現，瞬息千變。廣場北側立碑一座，碑文為：

　　柳染清風舞，河開朗月明。世紀廣場者乃柳河地標性城市景區之謂也，其南與濕地公園相接，其北與振興大街毗連，呈方形之設計，潤生態之美感，是

▲ 世紀廣場遠景

為柳河廣場之最耳。該廣場始建於世紀之初，復建於發展之時，至癸巳年春，柳河黨政惠民所願，再謀新舉，實施改建，歷時四月，投資千萬，如期竣工，舊貌新顏，臨園而立，清風拂面。極目四野，蔚為壯觀；依山臨水，二園相連。風和景明，立體畫卷；立體雕塑，龍鳳翔天；亭台廊橋，古樸自然；繁花淑儀，玉樹偉岸；遠山疊翠，近水鳴泉；建築小品，堪稱經典；幕牆景區，筆架台硯；理石鋪裝，玄武山岩；霓虹燈飾，新穎美觀；人文傳承，時代風範。至若旭日初照，拂晨瀲灧，春蘭秋紅，芬芳浸染。每至夜幕低垂，華燈璀璨；聲光水影，美輪美奐。觀夫廣場，功能齊全；陶冶性情，健身休閒；百姓讚譽，民生樂園。世情廣聚皆畫意，紀實場景有琴心。為政在行者勤以致遠，惠民以誠者眾心可鑒。今作小賦，以茲紀念。

▲ 世紀廣場夜景

一統河景觀帶

　　一統河是柳河的母親河，西起柳興大橋，東至鐵路橋，全長六點六千米。景觀設計以「流淌在城市中的文明」為主題，以「柳浪晴帆」「柳醉葡情」「柳蘊金田」「柳染丹青」等廣場為代表，以「以人為本、天地人和」為理念，一帶、三境、四區、十二園、二十一景將一統河打造為顯山露水、情溢於山、趣寓於水，傳承柳河發展文脈，凸顯城市生態品位的「生態玉龍」。通過一統河景觀帶充分展示出柳河墨香、酒香、稻香、清香的四香特色產業和玄武岩文化，將一統河打造成集防洪灌溉、交通路網、環境景觀、生活遊憩、體育健身、自然生態、文化傳承、商業開發於一體的城市景觀廊道。

　　一統河文化廣場又名「柳浪晴帆」廣場，佔地面積二一二〇〇平方米，以柳河書法文化為基礎，結合琴棋書畫，打造具有柳河獨特文化景觀的園林意境。書雕景觀、書架景觀、文化景觀、地書景觀，音樂廣場、畫藝廣場、書法藝術廣場堤上堤下相互呼應，互為補充，形成統一意境園林空間，營造柳河縣獨特的水上文化，豐富市民休閒娛樂需求，提高城市品位，增添城市的文化內涵。

▲ 一統河景觀帶效果圖

▲ 一統河夜景

　　一統河兩岸瓊樓玉宇，高聳雲天，楊柳依依，李杏盛開，芳草爭綠，百花吐豔。河堤由玄武岩構築，巍然矗立，固若金湯。堤上石欄潔白，圖案精美。九座大橋飛架南北，異彩紛呈，各具特色，宏偉寬闊，氣勢磅礡。夜間觀橋，最為迷人。華燈璀璨，星月交輝，一里一橋，一橋一景，長虹飲川，玉柱凌空；銀欄泛光，斜索御風；群龍騰飛，晴帆高挺；流光溢彩，微波清風；人間美景，巧奪天工。

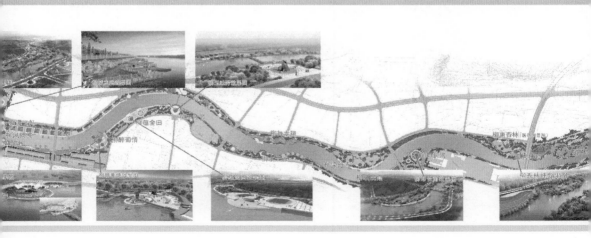

南山公園

　　柳河縣按照「一河兩帶・兩山三溪」的城市規劃建設構想，打造宜居宜業山水園林城市，滿足市民休閒娛樂、體育健身需求，建設了南山公園。公園總佔地面積約十萬平方米，由玄武岩台階、玄武岩石板及玄武岩卵石組合鋪設山脊路。目前已建完四處休閒健身廣場，總面積為二六六〇平方米，全部由地產石材姜家店玄武岩鋪裝，並建設了怡心亭、美苑廣場、怡園、清靜、幽雅、和、暢、惠、風等多處景觀節點供市民休息遊玩。

　　站在山腳下，抬頭仰望，山頂雲霧繚繞，山徑蜿蜒曲折，像一條綵帶從雲間飄落下來，伴隨著路旁優美的音樂，人們拾級而上，享受著天然氧吧的清新空氣，從山頂向下眺望，整個柳河盡收眼底，令人心曠神怡。詩人李永新寫《南山賦》贊其佳處。

▲ 南山公園一角

▲ 南山悦心亭

附：《南山賦》

南山賦

李永新

　　歲在辛卯，時屬仲夏。懷覽勝之豪情，游南山似入畫。天未明而霞彌，霧漸散而迷離。飛禽緘喙而棲於巢，微風拂面而沁於脾。繁花掩徑，綠草映地。拾級而上以登山頂，緣路而下以窮谷底。石級因勢而鋪，上下錯落；花草就路而植，高矮參差。

　　山南果園溢香，招蜂引蝶；山北松林密集，狐走兔逸。群峰拱肩，前擁後簇；峭壁牽手，左圍右突；峰頂俯視，柳城風光俱收眼內；道路縱橫，樓房林立，煙柳十萬人家；谷下仰視，南山奇景盡踏足底；藤樹攀岩，白雲過眼，輝煌一片藍天。建觀景涼亭三座，翼然

踞於絕壁之巔，無亭名，無楹聯；築健身廣場兩處，默然臥於緩坡之坳，曰善行，曰美苑。鋪水泥路一點三千米，築石台階兩千一百級。清、靜、幽、雅、惠風、和暢，遊人休憩六處景點；磚、石、水、土、水泥、沙料，運料艱險數車往返。鬼斧神工，施工經年。政府運籌帷幄，斥巨資修建；社會鼎力相助，獻愛心捐款。

亭上眺望，目接天際；廣場健身，歡聲笑語。雲霧或聚或散，群山忽隱忽現。風起雲會，松濤如潮；虹升日照，山色如畫。殘陽鴻影，燈月交輝；絲竹葉韻，山和谷應。

賞心悅目，陶情冶性；休閒娛樂，神爽氣清。柳河山水，詩情畫意；南山公園，絢麗嬌豔，此可與羅通山爭奇，敢與三仙夾比肩，是柳河一顆璀璨明珠，乃山城一幀炫目名片。

▲ 南山公園一角

濕地公園

　　柳河縣牢固樹立綠色生態發展理念，著力打造山水園林城市，從景觀、功能、綠美亮化等方面，全面提高建設標準和檔次，形成了「三園融合」的人文、生態景觀。濕地公園作為世紀廣場與南山公園的橋梁和紐帶，它以休閒觀賞、自然生態為主，喬、灌、花草、水體、水生植物相結合，曲徑通幽，既在功能上進一步完善，同時在景觀軸線和視覺通廊上由低到高起到了良好的過渡作用，是全縣人民休閒、健身、娛樂的重要場所。

　　雪白晴帆直立，小橋精雕玉砌，涼亭雕欄畫棟，池欄環繞池水，廊橋循環往復，花紅草綠，松碧柳青，池水清澈，芳草萋萋，蓮葉田田，荷花吐豔，游魚緩緩，群鴨戲水，真是別有一番情趣。

　　春天，公園裡遊人如織，在藍天白雲的映照下，千姿百態的風箏瀟灑自如地飄舞著，讓人心曠神怡；盛夏，鴨戲鳥鳴，蓮葉接天，讓人們感受到「別樣荷花分外嬌」的美景；金秋，那歡蹦跳躍的魚鴨，伴著廣場音樂載歌載舞，使濕地公園擁有了水墨畫般的詩意美景；寒冬，公園河道變成滑道，孩子們在冰

▲ 濕地公園

上嬉戲玩耍，點線相連的公園亮化美景，讓那些喜歡夜生活的柳河人和外地遊人在這裡享受到快樂和溫馨。

▲ 濕地公園荷花池

第五章 ——

文化產品

筆端通造化,書捲出雲霞。柳河的文化產品可謂風騷獨領,異彩紛呈。他們通過創辦文學期刊培養新人,通過建立各類協會形成載體,通過舉辦各種活動進行創作,在發展中繼承傳統文化精髓,在繼承中發展新的文學樣式,創作出豐富多彩的文化產品,為「中國書法之鄉」和「中國民間文化藝術之鄉」做了最有力的註腳。

柳河文化一品牌——文學月刊《河邊柳》

二〇〇六年，柳河縣作家協會創辦《河邊柳》文學雙月刊。三十二開，四十八頁，印行兩百份。

二〇一〇年，《河邊柳》雜誌由柳河縣委宣傳部主管，柳河縣文化廣電新聞出版局、柳河縣文學藝術界聯合會主辦，柳河縣作家協會承辦。主編黃如金。從二〇一〇年第一期（總第 18 期）開始改為月刊，十六開，四十八頁（其中有四個彩頁）六萬字，印行二〇〇〇至四〇〇〇份。到二〇一五年三月共出刊八十期。《河邊柳》覆蓋全縣城鄉各處，二百一十九個村。

《河邊柳》承載歷史的厚重，把握時代的脈搏，突出發展主題，用文學樣式描繪柳河縣進入經濟發展的快車道、全民奔小康的真實畫卷；關注民生事業，反映普通人的工作和生活，謳歌各條戰線取得的豐碩成果；建設精神家園，用優秀的文學作品提煉和豐富新柳河精神，進而打造城市之魂、社會主義新農村文化之魂。

《河邊柳》內容豐富多彩，題材廣泛，稿件來自於縣內、域外的企業、農村、機關、軍隊、社區等方方面面。欄目靈活多樣，主要欄目有：「柳河時政要聞」「小說天地」「散文方陣」「青青河邊柳」「柳岸詩潮」「心情玫瑰」「文學評論」「談天說地」「長篇小說連載」「詩苑風景線」「唐風宋月」「柳河人寫柳河事兒」「柳河新視角」等等。既有固定欄目，又有根據實際需要新設欄目，體現與時俱進的特點，如「感動柳河十大道德模範事蹟展」「亨通農民詩友會詩詞選發」「校園之星」等。並將歷史與現實有機地連繫在一起，古為今用，繼承文化傳統，弘揚民族精神，促進經濟發展，開設專題欄目，如「人人都來學國學」「講文明學禮儀」「話說羅通山」「柳河史海鉤沉」等。根據形勢發展的需求開設專號，如「柳河縣『通衢杯』徵文專號」「柳河縣崇尚科學反對邪教徵文專號」「柳河縣『吉祥杯』徵文專號」等。《河邊柳》題材不限，

新詩、格律詩、詞、曲、賦、小說、散文、通訊、消息、報告文學、故事、書法、繪畫、攝影作品、圖片等，應有盡有。

《河邊柳》注重培養文學創作人才，稿源以本縣為主，輻射域外，以老帶新，特別注重培養青年作者，對其稿件認真修改，並與其及時溝通會面，對面指導，深受青年作者歡迎。對老年文學愛好者指定專人面談指導。作協年會、小組活動根據實際情況進行專題培訓，詩詞組按季度舉辦撰寫古典詩詞專題講座，《河邊柳》定期刊登詩詞名家撰寫的古典詩詞專題文章。由於採取專題輔導和個別指導相結合的辦法，使一些不懂格律的青年詩詞愛好者逐漸步入寫詩的正確軌道，創作了一些意韻俱佳的詩詞作品。

《河邊柳》注重文章質量，在分類指導基礎上對來稿嚴格把關，從內容到形式，雅俗兼顧，力求多刊登群眾喜聞樂見、富有鄉土氣息的文章，如山衣系列紀實小說、農村高價婚姻同題材小說、柳河有奇人、故事連載（如《鐵窗回

▲ 文學雙月刊《河邊柳》

憶》《三代悲憫史》)、長篇小說連載（如《逃進深淵》《三統河》）等，深受群眾歡迎，在當地擁有較大的讀者群。

近年來，《河邊柳》形成了較大的作者群，一支以中青年為骨幹的《河邊柳》創作隊伍，向全國、省、市推薦並發表作品千餘篇（首），獲各級文學作品獎勵一百三十餘人次。

《河邊柳》贏得了柳河廣大群眾的認可，這足以證明鄉土文學的魅力，群眾喜聞樂見的文學作品是最具有生命力的。《河邊柳》之所以為百姓認可，有著多方面因素。為廣大人民群眾服務是《河邊柳》最根本的宗旨，這是《河邊柳》的方向，也是《河邊柳》的生命力所在，常抓不懈，身體力行，不斷總結經驗，傾聽百姓呼聲，為繁榮柳河文化事業做出新的貢獻，這就是《河邊柳》辦刊的準則。

▲ 市、縣作協來柳座談研究《河邊柳》刊物的發展

妙筆生花贊柳河 —— 異軍突起的柳河詩詞

為弘揚中華傳統文化，傳承國學，為全縣古典詩詞和現代詩歌愛好者搭建學習、交流和展示作品的平台，柳河縣於二〇一〇年成立柳河縣詩詞學會，隸屬於柳河縣作家協會。

柳河縣詩詞學會活動豐富多彩，主要有釣魚台詩會、春節徵聯活動、詩詞學術討論會、詩詞專題報告會、抗洪救災歌詠活動、南山採風、軍營採風等活動。

適逢盛世改革，柳河巨變，經濟騰飛，柳河人民自強不息，艱苦創業，大展鴻圖，銳意進取，自主創新，振興百業，新城崛起，業績輝煌。詩人歌者，揮毫賦詩，引吭高歌，讚頌柳城變新貌，歌唱人民譜華章。

柳河詩詞異軍突起，形成老中青一脈相承的詩歌隊伍，湧現出一批詩詞創作骨幹，在國家及省、市、縣報刊發表了兩千一百餘首（篇）詩詞歌賦，三十二人次獲國家及省、市獎勵。出版了《越活越明白》《老房子》《秋高放歌詩集》《彎弓室吟存》《楓葉紅了》《愛情水果》等十餘部詩集。

主要詩人有黃如金、王相國、張利春、孫常山、劉錫仁、張殿斌、趙凌坤、劉專、郭存有、賈人傑、高雪塵、李永新、高占一、包喜華、林升、聶澍、於平、孫立民、高培傑、趙麗榮等。其中黃如金、包喜華、以寫抒情詩見長；張殿斌詩詞格律準確，音韻和諧；趙凌坤詩詞婉約含蓄，清新流暢；張利春、王相國擅賦，鋪陳誇飾，氣勢磅礡；孫常山以軍旅詩領先，豪放壯闊；高雪塵善於用典，言簡意賅；賈人傑詩詞皆工，小令尤佳；郭存有詩詞嫻熟，意境深遠；劉專專攻詠史，寫英雄譜，各展風采；高占一撰寫羅通山詩詞，獨具特色；齊芝飛擅七律，委婉含蓄；李永新善寫生活場景，以小見大。選其佳作如下：

贊柳河一統河堤

劉　專

雄偉河堤十里長，玄岩壁立固金湯。

防洪排澇民安樂，功在千秋百世昌。

續「一城柳色半城河」起句

張利春

一城柳色半城河，大塊文章蓋世歌。

未必詩家無妙筆，動人好句不須多。

柳河春早

齊芝飛

一夜春風軟柳枝，江菱浮葦綠逢時。

溪深泉澈雲能數，紫陌桃芳綻幾枝。

郭北池塘蓮藕嫩，城南濕地石欄奇。

人間仙島垂嘉客，同飲歡歌醉玉卮。

臨江仙·南山公園

孫常山

美松林槭覓飛鳥，紅阡紫陌闌珊。軒亭野徑任絲蔓。多情情侶，偎依秀欄干。

登臨舞劍凝晨練，朝暉盡染荊榛。呢喃曉燕忽穿雲。路彎何處？書法右軍湮。

喝火令·家鄉

賈人傑

柳綠花紅縣，河清水秀城。故鄉新貌令人驚。當政屬來誰似？青史要留名。「一統」宏圖起，「龍崗」百業興。每談桑梓湧豪情。祝願明天，祝願再攀升。祝願「四香」飄遠，醉落滿天星。

高歌盛世譜新篇 —— 柳河歌曲創作

　　一九七八年十二月，柳河縣總工會、柳河縣文化局收集和整理了柳河民歌，並選編五十五首民歌，編印《柳河民歌》。主要有《松花江水流不停》《滿洲苦》《解放區四季小唱》《春天到來》《八路軍戰將勇》《窮人愁》《模範軍屬王大嫂》《姐妹參軍》《縫衣歌》《姐妹參軍》《小妹妹上戰場》《十二月小唱》《婦女翻身小唱》《八路軍宿營》《送郎參軍》《抗戰救國立功勞》《翻身小唱》《苦去甜來》《光榮燈》《送紅花》《歌唱八字憲法》《賣餃子》等，搶救了多首幾乎失傳的歌曲。同時編印《歌聲》，選編柳河音樂愛好者創編的群眾喜聞樂見的歌曲五十七首。主要有《毛主席永遠活在我們心中》（光銳詞，劉華曲）、《英明領袖送春歸》（孫傑詞，郭玉華曲）、《毛澤東思想哺育我們茁壯成長》（劉富、徐樹榮詞，於燕、劉富曲）、《繡錦旗》（南永前詞，孫再翼曲）、《紅領巾跟著黨》（李榮雨詞曲）、《大家都來修水壩》（劉專詞，宋振鐸、於喜田曲）、《飛奔吧——祖國》（玉成詞，彭金曲）、《奔向廣闊天地》（張克明詞，張錫林曲）、《我給鐵路來站崗》（魏湘濤詞，李龍珠曲）等。

　　柳河縣文化館、柳河音樂家舞蹈協會多年來開展歌曲徵集活動，每逢節假日開展演出活動，演唱自編歌曲，深受群眾喜愛。

　　李凱，現任吉林省柳河縣呂劇團國家二級演奏員，中國民族管絃樂協會胡琴專業委員會委員，通化地區戲劇曲藝家協會委員。古箏、二胡、馬頭琴、琵琶、鋼琴、竹笛尤佳，二胡演奏多次榮獲省、市民族器樂比賽一等獎。並參與呂劇現代戲創作，多次為呂劇小品譜曲。聲樂代表作品有《召喚新柳河》《誰能與君共春秋》《一路高唱扎西德勒》等。

　　二〇一二年，柳河縣為創建省級衛生縣城徵集歌曲，《一城柳色半城河》獲得一等獎，張立鵬作詞，李凱譜曲。

　　周岩，中國音樂著作權協會會員，吉林省音樂家協會會員，中國音協音樂

一城柳色半城河

1 = C　4/4

张立鹏词

李　凯曲

龙岗山下　有一条河　好像那彩带　蜿蜒飘过　流进了
你　我的心窝　亲吻着水　的花朵　一统
河畔　有一座城　青山俊秀　绿水如墨　好像那
梦里　的姑娘　美丽　婀娜　河边看
柳　城中有河　河柳相依　四季如歌　河边看
柳　花开花落　四香柳河　迎宾客　龙岗
山　一统河　我的家乡画一般　景色　一城柳
色　半城河　对你的爱恋　从未减弱

（间奏）

一统弱　对你的爱恋　从未减弱

▲ 歌曲《一城柳色半城河》曲譜

論文大賽一等獎，二〇一〇年全國首屆「二十一世紀華人音樂獎」青年組（民族）歌手演唱一等獎，二〇一三年「美麗中國——大型音樂展演活動」演唱、創作雙獎（全國十人之一）等。能夠演唱美聲、民族、通俗多種風格歌曲，熟練掌握合唱指揮、錄音製作及鍵盤、架子鼓、薩克斯等樂器演奏。自二〇〇三年以來，先後在通化、松原、柳河等地春節聯歡晚會、迎新春群眾文藝會演等百餘場演出活動中，負責策劃、輔導、表演、音樂製作等工作。

梦回罗通山

刘国星 词
周　岩
周　岩 曲

1 = ♭E　2/4

6 3 2 1 2 | 3 - | 7 7 6 5 6 7 | 6 - | 1· 1 6 1 2 | 3 | ♯4· 4 4 4 2 3 4
荐 荐 罗通 山，　岁 月 几 苍　黄，　汉 唐 遺风 播塞 北，关 东 名山 好 风

3 - | 6 3 2 1 2 | 3 - | 2 2 3 5 6 | 6 - | 1· 6 1 2 | 3 3 5
光。　巍 峨 天地 间，　春 秋 有短 长，　铁 马 金戈 风云 涌，

5· 5 5 3 3 5 | 6 - | 6· 3 3 6 | 2 3 2 1 | 7· 7 7 2 5 6 7 | 6 - | 1· 6 1 1 |
句 骊山城威 名 扬。　　大 山 承载 天地 人，城 廓再现 古战　场，　战 马 嘶鸣
　　　　　　　　　　　　　纵 马 穿越 一线 天，古 洞擦幽 奏笙　簧，　影 壁 挺秀

7 6 5　3 | 6· 5 6 1　2 5 | 3 - | 6· 3 3 3 | 2 3 2 1 | 7 7 7 6 5 6 7 | 3 - |
旌 旗　猎，沙 场 驰骋 好儿 郎。　　虎 头 涯下 齐点 兵，锁龙 潭畔 摆刀　枪，
（5 6 7）
赖天　成，石 榆千载 话沧 桑。　　刀 尖 峰上 极目 望，回 马岭下 杏花　庄，

5· 5 5 3 | 5 6 7　7 | 5· 5 5 3 5 6 7 | 6 - : ‖ 结束句 5· 5 5 3 | 5 6 7 | 6 - | 6 0 ‖
烽 火 台上 烽火 燃，　雄 关漫道震四　方。　　　魂 牵梦萦 的 地 方。
　　　　　　　（0 3）
古 险 奇幽 罗通 山，我 魂 牵梦萦 的 地　方。

▲ 歌曲《夢回羅通山》曲譜

劉國星，通化市作家協會會員，柳河縣作家協會理事。主要作品有小小說《刺痛》《牽動》、散文《在「九一八」紀念館》《難忘那片情和愛》、詩歌《致白樺樹》《啊，軍歌》、快板《退紅包》《說演彈唱新春版》等。先後創作多部戲劇小品。曾與於洪林等人開展非物質文化遺產社會調查，並撰寫申報材料，成功申報「姜家店火山岩溶台地水稻傳統種植技藝」「龍崗山區蜊蛄豆腐傳統製作技藝」等多項吉林省非物質文化遺產。

歌曲《夢回羅通山》，劉國星、周岩詞，周岩曲。羅通山是久負盛名的文物古蹟遺址和風景旅遊勝地，位於吉林省柳河縣城東北部。依山而建的羅通古城由相連的東西兩城組成，約建於西元二四八至西元二九一年，屬於魏晉時期，是一處重要戰略性城堡。二〇一一年，羅通山城大遺址保護工程項目被正式列入全國一百處大遺址保護規劃之一。歌曲《夢回羅通山》謳歌了羅通山城古、洞幽、林密、崖險、壁奇、峰峻、景秀的自然景觀和人文情懷，曲調優美。

柳河縣自二〇一〇年五月成功申創東北三省首批、吉林省首家中國書法之

▲ 錄製歌曲《柳河讚歌》

墨 潤 童 心

1=D 2/4

♩=70 優美 恬靜地

刘专 柳梅 鞠金莉 蒋德梅 词
马 宏 波 曲

（5 6 i ⁀i̇ | ⁀5̇ - | 5 6 i 2̇ | ⁀i̇ - | 6̇5̇3̇2̇ i̇6̇5̇3̇ | 2̇i̇6̇5̇ 3̇2̇i̇6̇ | 5̇ -）|

‖: 1 1 2 3 | 1 - | 2 2̂3 1 6̂ | 5̂ - | 6̂1 1 | 5 2· | 5·5 5 5 5 5̂2̇ |
从 小 学 书 法 墨 香 满 校 园 刻苦练 惜光阴 一 笔 一 划 天 地

3 - | 1 1 2 3 | 1 - | 2 2̂3 1 6̂ | 5̂ - | 6̂1 1 | 5 2· 2 |
大 从 小 学 书 法 墨 香 满 校 园 学 书 圣 得 精 神

5·5 5 5 5 5 2 3 | 1 - | i· i i 3 | 5 5 6 5 | 6· 6 6 1 | 2 2̂3 2 |
中 华 书 法 代 代 传 书 贵 有 恒 立 壮 志 天 道 酬 勤 展 风 华
善 教 会 学 育 人 才 满 园 芬 芳 春 常 在

i· i i 3 | 5 5 6 |⌐1.⌐ 5·5 5 3 2 2 | 1 - |（i· i i 3 | 5̂5 6 5 | 6· 6 6 1 |
从 小 写 好 中 国 字 长 大 做 好 中 国 人 疏 密 相 间 需 到 位 动 静 收 放
兰 亭 书 道 要 传 承

2̂2 5 2 | i· i i 2̇ | 3̂2̇i̇7̇6̇ | 5·5 5 3 2·5 | 5 - | i· i i 3 | 5̂5 6 5 |
成 妙 笔 真 草 隶 篆 多 变 化 永 字 八 法 记 心 间 天 下 第 一 王 羲 之

6· 6 6 1 | 2̂2 5 2 | i· i i 2̇ | 3̂2̇i̇7̇6̇ | 5·5 5 3 5 6 | 7 2̇ |
颜 筋 柳 骨 欧 阳 询 德 艺 双 馨 传 天 下 群 星 璀 璨 扬 美

i - | i - ）: ‖⌐2.⌐ 5·5 5 3 2 2 | 1 - | ⌐结束句⌐ 5·5 5 6 7 | 5̂7 | i - | i - ‖
名 墨 润 童 心 写 未 来 墨 润 童 心 写 未 来

▲ 歌曲《墨潤童心讚歌》曲譜

鄉以來，書法事業長足發展、碩果纍纍。二〇一一年，又以書法為特色，被文化部命名為中國民間文化藝術之鄉，成為全國為數不多的由文化部、中國書協命名的雙料「中國書法之鄉」；二〇一三年，縣實驗小學「蘭亭小學」申創工作取得成功；與此同時，「翰墨新農村」活動榮獲中國社會文化政府最高獎「群星獎」。從書法教育教學到書法創作交流，從書法硬件設施建設到書法人才隊伍培養，從書法普及推廣到書法文化弘揚，柳河書法以紮實的群眾基礎和藝術影響力，成為柳河的一張重要文化名片。歌曲《墨潤童心》（劉專、柳梅、鞠金莉、蔣德梅詞，馬洪波曲）歌頌了柳河書法事業的蓬勃發展，書法文化的大力弘揚。

長白山下一枝花——柳河·關東呂劇

　　從西周時期的築屋造田，到清光緒二十八年建縣設置，從清朝「龍興之地」的盛京圍場，到宜居宜業的「四香」柳河。悠久的歷史、厚重的文化、獨特的環境和淳樸的民風，為關東呂劇這朵藝術奇葩，提供了滋生和成長的土壤。

　　關東呂劇的起源和發展可追溯到二百多年前的清代中期。康熙七年，滿清政府以保護「龍興之地」為由，推行封禁政策，在東北修築柳邊牆、圈定皇家圍場。十九世紀中葉，清政府面對沙皇俄國對東北地區的蠶食，於咸豐十年正式開禁放墾。之後，平均每年有四十多萬來自山東、河北等地的「關裡人」陸續進入東北，這就是人類有史以來最大的人口遷移之一「闖關東」。現在僅柳河一縣的三十八萬人口中就有二十五萬之多先祖為山東人。

　　人口的大遷移，同時也造成了文化的大轉移，齊魯文化等中原文化迅速在東北大地擴散。來到東北的「闖關東」人及其後代，不僅保持著和「關裡人」相同的飲食起居等生活習慣，甚至還延續著故土的方言。濃濃的鄉音，深深的鄉情，這些移民在忙碌的生產勞動之餘，戲曲成為他們重要的精神食糧，來自老家的小曲小調和琴書演出深受群眾的歡迎和喜愛。這為呂劇能在東北這塊土地上生存並發展為現在的關東呂劇提供了自然條件和人文條件。

　　關東呂劇鮮明特色是具有多元文化內涵的新型傳統戲曲表演藝術。關東呂劇源於山東呂劇的前身——山東琴書（又稱「坐腔揚琴」、「化妝揚琴」），它是在「闖關東」這一特殊歷史條件下，中原文化與關東文化相交融，孕育的具有多元文化內涵的新型傳統戲曲表演藝術，具體表現為「四個方面」和「四個特色」。

　　關東呂劇與山東呂劇雖同宗同源但又有異曲同工之處。音樂方面，關東呂劇在繼承山東琴書音樂基礎之上，大量融入了東北民歌、二人轉、吉劇、京劇

等音樂元素，如：移植劇目《七仙女送子》引用了二人轉曲牌《大救駕》、創作劇目《帶翅膀的情報》運用了東北民歌的旋律等。語言方面，山東呂劇在念白上由濟南官話構成，關東呂劇念白運用接近於普通話的東北話，如：創作劇目《秀蓮闖營》主人公四虎子中「子」字的稱呼，不是濟南官話的陽平，而是東北話的陰平。服裝方面，關東呂劇在傳統戲曲服裝基礎上進行改良，使演出服裝更加真實化、生活化，如：在創作劇目《登科夢》中，為了故事情節和演出效果的需要，甚至全部採用了古裝影視劇的服裝。表演方面，關東呂劇能夠

▲ 呂劇《登科夢》

大膽借鑑戲曲之外的其他姊妹藝術表演形式，並融會貫通為我所用，如：在創作劇目《家庭變奏曲》中運用的是音樂劇的表演形式。

　　多元文化的影響形成了獨具特色的關東呂劇。小戲見長，關東呂劇表演短小而精，不受演出時間和演出場地等約束。音樂旋律豐富，融入了眾多音樂元素的關東呂劇，音樂旋律更容易被不同類型的觀眾所接受。語言生動風趣，以東北方言為念白的關東呂劇，繼承了東北方言通俗幽默的特點。表演不拘一格，關東呂劇的表演不拘泥於戲曲藝術的程式化，使人物表現更加真實、細

膩。

關東呂劇是幾代人薪火相傳的戲曲表演藝術。清朝末年，在柳河縣涼水河子小鎮住著一個來自山東廣饒的名叫李萬良的「山東盲流」（當地人對「闖關東」人的一種俗稱），利用農閒時節常帶著家人走村串屯演唱琴書和山東小曲小調。二十世紀三〇年代，李萬良將演唱技藝傳給女婿李秀山，他們搭成小戲班「打地攤」演唱一些故事簡單、角色又少的劇目，如《王小趕腳》《光棍哭妻》等。演唱時坐成八字形，揚琴居中，其他樂器分列兩旁，演員各持樂器邊奏邊唱。此時雖已有生、旦、丑等角色區分，但並無嚴格的行當劃分。也正是由於這種表演方式簡單易行，所以在當時流傳很快，可謂「村村都聽山東調，婦孺皆會山東腔」。到解放初期，受蓮花落、東北蹦蹦等戲曲和民間音樂的影響，這種表演藝術得到了豐富和提高，角色行當等體系日趨完善，但仍保持著「三小戲」（以小旦、小丑、小生這三個行當為主的戲）為主體的演出特點和

▲ 呂劇《一筆賬》

風格。

關東呂劇成為一個劇種，是隨著新中國的腳步一路走來的。一九五三年，山東省呂劇團成立，這種源於山東琴書而形成的表演藝術被定名為呂劇。為了突出二者之間的區別和連繫，東北人將這種戲曲表演形式稱之為關東呂劇。一九六一年，通化專員公署成立了通化專區青年呂劇團，一九六二年改為柳河呂劇團，由此，關東呂劇這個遊走於白山黑水的東北民間小戲，經由六代人的薪火相傳，演變成為東北大地獨樹一幟的戲曲表演藝術。

關東呂劇是紮根黑土地、符合東北人審美情趣的戲曲表演藝術。一種藝術的生命力，源於孕育它的土壤。關東呂劇之花之所以能在黑土地上常開不敗至今，正是因為牢牢把握了這一點。關東呂劇是在東北大地上成長起來的傳統藝術，在繼承中原文化的同時，大量汲取了東北方言、民歌、民俗等黑土文化養分，符合東北人文化藝術的審美情趣。

▲ 呂劇《李二嫂栽樹》

二〇一二年八月，成立柳河同源關東呂劇文化傳播股份有限公司（前身為柳河呂劇團）是現今東北三省唯一的關東呂劇傳承、表演機構。柳河呂劇團成立五十多年來，堅持走出去請進來的方針，先後派大批演員到山東等地同其他姊妹藝術院團交流、學習；堅持為人民服務，創作了《秀蓮闖營》《家庭變奏曲》《李二嫂栽樹》等大量優秀的劇目，足跡遍布礦區、林區、城鄉和部隊；堅持連續不間斷演出五十年，奠定了深厚的群眾基礎，被譽為「長白山下一枝花」。

　　近年來，隨著市場經濟的不斷發展，在傳統戲曲藝術走向低迷的情況下，柳河縣對劇團的發展給予高度重視，改變劇團原有差額撥款情況，實施政府全額撥款，購置燈光、音響等硬件設施，為劇團演出、排練工作的正常化運轉提供資金保障等。二〇一二年，根據《關於加快國有文藝院團體制改革的通知》文件精神，柳河呂劇團進行體制改革，成立了柳河同源關東呂劇文化傳播股份

▲ 呂劇劇團演員合影

有限公司和關東呂劇研究室，將關東呂劇的理論研究和傳承表演更加規範化、系統化。

關東呂劇是凝結眾多文化內涵的戲曲表演藝術。每一門藝術的存在，都代表著一定的藝術功能和文化內涵。關東呂劇因其獨特的形成歷程和發展軌跡，凝結了其他姊妹藝術不能比擬的精神文化內涵。一種繼承使關東呂劇成為廣大「闖關東」人及後代難以割捨的情結；一種堅持讓關東呂劇成為貼近實際、貼近生活、貼近群眾的戲曲藝術；一種自信使關東呂劇成為中原文化與關東文化交相輝映的橋梁；一種創新使關東呂劇成為黑土文化博采眾長的典範。繼承、堅持、自信、創新，這既是對關東呂劇文化內涵的概括，更是對為關東呂劇傳承、發展不懈努力的柳河人的精神寫照。

關東呂劇，白山黑水薪火相傳一世紀，立足柳河服務群眾五十載，是現存不多的、具有「闖關東」文化遺存價值的非物質文化遺產。

▲ 呂劇劇團演員合影

柳河奇人有絕技——孫文斌勺匙書畫技藝

柳河，歷史悠久，文脈綿長。千年文化的浸潤，深厚的藝術底蘊，使這片土地文風盛行，素有「筆墨之鄉」的美譽。至今民間還流傳著「家家貼對，滿街通紅，諸神高興，有求必應」的歌謠。清末著名書畫家、被稱為「關東三傑」之一的瀋陽太清宮道長葛月潭雲游柳河，被崇尚書法的濃厚氣息所感動，曰：「柳河人，貧不忘書，疲亦勤墨。」新中國成立後，柳河書法有了長足發展，全縣書法愛好者達數萬人，正是這塊神奇的黑土地，孕育了勺匙書畫這朵燦爛的文化藝術之花。

孫家的勺匙藝術，要上溯到一百多年前孫文斌的曾祖。

當年，葛公雲游柳河，無意間發現一幅書法作品。他認定這幅作品絕非毛筆所書。經多方打聽，找到了隱居於大山深處的一位教書先生——孫兆海。葛公是一位德高望重的道長，清修於瀋陽三清觀，自然是清茶素食。二人一見如故，盤桓幾日，葛公乘興而歸，孫兆海更受益匪淺。

二十世紀三〇年代初，孫兆海自覺不久於人世。他高興地看到愛子孫永福自幼聰穎好學，不僅寫得一手上好的書法，匙書藝術也不在自己以下，便心滿意足地駕鶴西去了。

二十世紀四〇年代初，日本人因為到處都是反滿抗日標語，大肆捉拿會寫大字的「共匪」。一夜間，柳河境內書法愛好者大多慘遭厄運。孫兆福算是幸運的，逃回山東老家隱居起來，直到日寇投降方返回柳河，邊教書邊務農，還培養出幾位匙書愛好者。其子孫玉書自然是其中的佼佼者。

新中國成立那年孫文斌出生了。子承父業，不滿二十歲就考取了師範學校，走上三尺講台時就已進入柳河書法界領頭人物。匙書，自然是他的書壇重頭戲。

二十世紀末，他突然產生以勺匙為工具潑墨作畫的念頭。都說老孫這人犟

犟，犟就犟出個名堂，說幹就幹。他上省城、進京都、走塞北、下江南，一邊拜訪國畫名家，一邊遊歷名山大川，一路走來一路作畫。一日，在江蘇無錫觀賞梅花，突然畫興大發，遂找來勺匙宣紙，就地潑墨。此時的太湖之畔春寒料峭，路人以為是這個精神病患者，等一幅水墨畫成就，無不拍掌稱奇。這件事叫老孫精神更加振奮，整個人鑽進了書畫世界。

老伴嗔怪地說：「他簡直要瘋了，就連吃飯都心不在焉。有幾次，竟用湯匙把菜湯潑在了床單上！」

省內一位書畫名人稱老孫的勺匙書畫作品「清雅獨特，意境清新，別具一格。」他多年潛心研究出了一整套勺匙作畫技法，潑墨、點色、水潤、流淌、擦抹、勾畫、粘連、碾壓等等，並運用水墨色彩的自然機遇碰撞效果，形成天然肌理，使作品靜與動、實與虛、清晰與朦朧，渾然一體，妙趣橫生。他擅長

▲ 孫文斌勺畫長卷

畫梅、蘭、松、菊、山水、林莽……尤其是水墨梅花，或清新淡雅，或爛漫濃重，或窈窕輕柔，或拙樸蒼勁，自然天成，誇張不俗，別具一格。

二〇〇〇年孫文斌發明了勺匙書畫基礎顏料調和液，使勺匙書畫技藝又上了一個台階。勺書《雲祥》、勺畫《楓石》被通化市檔案館永久收藏。

二〇〇三年，他萌發了創作勺匙書畫長卷的想法。遂查閱大量典籍，選擇一百四十九位唐代詩人的一百五十七段詩句，按春、夏、秋、冬、雨、雪、雲、風、花、草、山、水、江、河、湖、海十六個方面內容進行書寫。用了整整一年的時間，作品問世了。長卷最後部分採用詩配畫的形式，一詩一畫，頗為新穎。這幅長卷以行草為主，長五十一點八六米，寬〇點四〇米，共三千一百六十八字，丹青二十四幅，鈐印二百五十四枚。整幅長卷無點劃筆痕，行草書法採用潑灑、流淌、擦抹、劃刮等十七種勺匙書畫技法，卷中的丹青多採用

▲ 勺畫《松梅圖》（局部）

▲ 孫文斌做客老年大學

▲ 於第八屆中國長春民間藝術博覽會現場創作

點滴、潑淌等勺畫技法，畫中肌理奇妙美觀，色調明快豔麗，堪稱書畫精品。

二〇〇八年北京奧運倒計時，孫文斌開始濃墨重彩創作《松梅和諧圖》百米長卷。二〇〇四年末，他從祖國的大東北來到大西南的昆明市黑龍潭寫生；二〇〇五年創作完成畫作的小稿，二〇〇六年一月開始動勺作畫，用了一年零八個月，二〇〇七年九月，畫作在柳河縣城完成。經專家鑑定，這是一幅以特殊工具作畫的鴻篇大作，總長一百一十三點二〇米，寬〇點七七米，畫心長一百一十點八二米，寬〇點六五米，作者採用多年研究的潑灑、流淌、劃勾、粘抹等勺匙技法，全畫二百餘株松、梅，自然交織，似牽手挽臂，若扶攜相依，表現出松與梅各種姿態的和諧美。畫中有青松傲雪挺立，紅梅綻放報春，陽光普照大地，有明月漫染高空，充滿了無限生機。畫中各種肌理的形成，只有勺匙潑灑（墨彩），才能形成如此效果，方顯此作與他不同。這幅長卷，二〇一一年三月榮獲上海大世界吉尼斯紀錄。二〇〇八年一月十一日孫文斌應邀參加世界華商聯合總會、北海市政協、中國西部研究發展促進會、華商投資集團舉辦的《國學與和諧論談新春和諧聯誼晚會》，勺畫現場表演《勁節迎風》得到滿場喝采。與此同時，他還參加北京著名書畫家《和諧之春》筆會，勺畫作品《山水清吟》《奔月》被收藏。為奧運而作大幅勺畫《群芳爭豔》等作品也被中國書畫藝術學會收藏，登載於《書畫藝術報》第九期。二〇一二年，《風雲人物》第十一期、第十二期紀念「十八大」合刊版，全國選定六十名文化藝術界奇人，孫文斌榮登榜首，並頒發證書，譽為「中國勺畫第一人」。

孫文斌不僅是一位勺匙書畫家，還是一位勺匙收藏家。他所收藏的一五〇〇多把勺匙藏品，從材料看有銅、銀、錫、鋁、木頭、竹、石頭、玉等等；從用途看有餐用匙、茶用匙、藥用匙、書法調墨匙和裝飾用匙等；從地域時間看有古代匙、現代匙、外國匙、少數民族用匙等，其中唐宋古匙、青花勺匙、埃及古匙、泰國佛教用匙等頗具收藏價值。三十多種少數民族用匙，每一把都記錄著民俗風情、圖騰崇拜和一些有趣的民間故事。

多年來，孫文斌作為勺匙書畫傳承人，創作出大量的風格獨特、別具一格

的佳作，深受廣大朋友和群眾的喜愛，很多作品都被政府部門、藝術單位、國內外專家、學者收藏。

　　近年來國內各大媒體紛紛報導孫文斌的勺匙書畫藝術和收藏精品。老孫說：「勺藏喜悅，匙走游龍，墨趣妙品，樂在其中。我最大的願望是舉辦一次上檔次的勺匙收藏、勺匙書畫展。」是啊，人們衷心祝願老孫「提高生活質量，儲蓄生命健康」的目標一定能夠達到，完善自我人生價值的目標一定能夠實現。

技藝精巧奪天工——唐家富「長白山禽鳥羽畫」

　　把祖傳下來的東西變成一種工藝品，這本是唐家富不敢想的。他最初只是想利用業餘時間作畫貼補家用，然而，經過幾次展會之後，他的畫逐漸被人知曉，他的作畫工藝還得以命名。

　　唐家富是柳河縣羅通山鎮自然村人，一九六三年一月十五日出生。現為通化市民間文藝協會理事。自幼喜愛美術，常畫花鳥草蟲。唐家富的爺爺和父親就會利用高粱秸稈和雞毛作畫，那時候不像現在這樣有膠水，都是用糨糊，黏不住，就用針線縫在上面。高粱秸稈做樹幹，羽毛做樹葉。圖案大多數是松

▲ 唐家富製作鳥羽畫

鶴，要麼就是花草樹木，寓意著吉祥如意。小時候沒研究，沒想到快要老了研究起來。二〇〇七年，兒子讀高中時，家境日益拮据，他想給自己找份第二職業，就琢磨起雞毛畫來。用雞毛粘畫，自己針線不好，但現在有好的膠水，不必再縫製。

　　說幹就幹，他先從自家和鄰居家院子裡蒐羅了一些散落的雞毛，然後按照自己的想法開始實施。但沒過多久他自己先堅持不住了，雞毛的味道，腥臭難聞，連續幾天，一幅畫還沒等做好，就被雞毛味熏得難以忍受。「這麼臭的畫，誰願意買啊，再說裡面再有個病菌啥的咋辦？以後爛了咋辦？」鄰居這話提醒了唐家富，他開始上網查詢雞毛消毒殺菌防腐的方法，查到之後，特意買來了相關的防腐劑和殺菌藥水，雞毛有臭味而且容易腐爛的問題解決了。從此唐家富的作品越來越精細，越來越有味道，他開始借鑑一些國畫、浮雕等表現

▲　鳥羽畫《虎嘯風生》

藝術，按照構圖要求，運用平黏、對接黏、排列黏、懸浮黏、堆積黏等，毛梗做嘴尖、腿腳，白羽毛貼身上，褐色羽毛做樹蔭，他手下的仙鶴、老虎變得活靈活現，有的羽毛天然帶花紋，直接貼上幾片作花都不用修飾，整幅作品光澤豔麗、造型生動秀美、立體感極強。

他的羽畫在小村子裡出了名，但沒有銷路。一年、兩年、三年……對他來說最艱難的事情是：鄰居說他沒事兒閒的，妻子怪他不務正業，別人農閒打工還能賺錢，他得買紙買膠水買羽毛裱畫，處處花錢。唐家富說，每當聽到這樣的話，他心裡特別難受，加上兒子已經上了大學，家裡的開銷越來越大。唯一讓他欣慰的是上大學的兒子從來沒有反對過他，還總說：「爸，你堅持做吧，將來肯定有人會認識到它們的價值。」就是這樣短短的一句話鼓勵了唐家富。

二〇一三年六月，唐家富禽鳥羽畫作品參加了吉林省通化市舉辦的文化展，通化師範學院美術系教授、中國民間文藝家協會會員王純信教授看到了他的作品，王教授覺得這是一種全新的民間工藝。一直致力於對長白山傳統文化發掘的王教授告訴唐家富，這種繪畫的工藝就定名為「長白山禽鳥羽畫」。

二〇一三年七月，吉林鄉村電視台播出第一集《城鄉有能人》欄目，唐家富獲得羽畫能人單項獎。

二〇一三年十一月，唐家富參加了在長春舉辦的吉林省首屆非物質文化遺產生產性保護傳承才藝展示博覽會。他的作品立體感和自然美感強，具有很高的觀賞價值和收藏價值。作品《高瞻遠矚》《鵬程萬里》《相依》《詠虎》《勁松》《松鶴延年》《林崗驚雪圖》《孔雀》《貓蝶圖》等，色彩鮮明，栩栩如生，吸引了眾多參觀者，得到很高評價，獲得民間文化藝術突出人才獎。

二〇一四年十一月唐家富「長白山禽鳥羽畫」被批准為通化市非物質文化遺產，其為傳承人。

現在，唐家富最大的心願還是想讓更多人欣賞這門藝術，學習這門技藝，並且把自己的作品變成財富，傳到四面八方。

巨龍飛舞驚天地——長白山區回族龍燈

　　柳河縣位於吉林省東南部長白山脈龍崗山系，從春秋石棚墓，戰國古沙場，到雄偉壯麗的羅通山城，從萬古幽深的盛京圍場，到名垂千古的「四保臨江」，悠久的歷史，獨特的地理區位，孕育了柳河厚重的地域文化。

　　柳河縣有三十八萬人口，各族文化互相借鑑，推陳出新，關東呂劇、滿族秧歌、朝鮮族歌舞等，使漢族與少數民族文化交相輝映、異彩紛呈。在柳河眾多的少數民族文化活動中，回族龍燈以其獨特的藝術魅力尤為引人注目。

　　柳河自古以來便是中國古代東北邊疆少數民族重要的聚居地和軍事重鎮，特別是清末以來，伴隨著「闖關東」人口大遷移活動，加速了生活在柳河縣的各民族的融合、文化的交流。回族作為一個移民到東北的少數民族，在保持本民族風俗傳統的同時，廣泛地與其他兄弟民族在文化藝術等方面進行交流、學習，孕育了回族龍燈這樣一門獨特的文化活動。

　　回族將舞龍燈作為健身、娛樂的文化活動，既是對中國傳統藝術的傳承，同時也是回族人民通過文化活動提高本民族凝聚力的重要方式。

　　長白山區回族龍燈的起源和發展可追溯到一百三十多年前的清代末期。光緒二年（1876 年）回民白福「闖關東」來到柳河，在忙碌的生產勞動之餘，白福與其他回民自發地以舞龍燈這種娛樂方式，慶祝豐收、慶祝節日。回族龍燈最早的文字記載，是出現在一九八九年四月出版的《吉林回族》一書。光緒二十三年（1897 年）柳河縣回族白萬德、張巨廣、金寶山等人，籌款紮了一隻龍燈，每逢春節、元宵節等重大節日都要戲耍於柳河縣柳河鎮的街頭巷尾。因龍燈在柳河一直由回族青年戲耍，故習稱之為「回族龍燈」。東北淪陷時期，一度因無布匹做燈皮而停止活動。一九四七年柳河解放後，回族龍燈復興，每逢佳節便同秧歌隊一道活動。如今，回族龍燈經由七代人的傳承表演，已成為柳河群眾文化活動重要的組成部分。

▲ 吉林教育出版社《吉林回族》，記載柳河回族龍燈

▲ 長白山區回族龍燈表演照

柳河　回族龍燈傳承人

第一代 白福

第二代 白萬德、張巨廣、金星山

第三代 白恩明、王洪弼

第四代 白雲清、王洪林、王洪山

第五代 白雲泉、白雲森、趙長春

第六代 白忠孝、白忠仁、王恩來、王恩利

第七代 白宏雷、白宏宇、王大勇

　　舞龍燈是中華民族傳統的文化活動，在中國廣袤的大地上，各地都有舞龍燈的習俗。柳河回族龍燈與其他民族、地區的龍燈相比，因其特殊的傳承歷程和人文條件，形成了別具一格的表演體系。

▲ 柳河回族龍燈第四代、第五代傳承人

　　表演道具　回族龍燈龍身粗大，中空內有骨架，沒有枝節，整個龍身為一條聯貫的整體。

　　製作工藝　在柳河龍燈傳承和發展的過程中，龍燈的製作技藝是非常重要

的一部分。整條龍的製作都由回民手工來完成，竹子為架，以布為皮，龍身顏色以藍、白、綠為主要基調。

舞法技巧　回族龍燈因其體型粗大，舞動起來非常耗費體力，一是動作幅度大，二是花樣多，三是時間長。具體技巧為龍翻首、變龍門、抄大把、龍盤柱、龍斗尾等。其中龍翻首最有難度最為壯觀，忽而騰空飛舞，高聳似沖雲端，忽而俯衝低下，好似蛟龍入海破浪，蜿蜒盤旋使觀者陶醉。

表演服飾　漢族和一般地區的舞龍者一般都是頭紮紅頭巾或彩布，身著綢緞綵衣服飾，腳穿薄底武生快靴，衣服的顏色以紅色黃色為主。回族龍燈表演者頭戴禮拜帽，身著白色長衫，腰扎藍色腰帶，體現了回族人民特有風俗習慣。

特色傳承　回族龍燈因民族人口和生活習慣等原因多為父子、兄弟或家族傳承。

柳河回族龍燈作為少數民族自發組織的群眾公益文化活動，一百多年來，幾次面臨停止。特別是近年來，隨著社會的發展，傳統文化陣地受到了衝擊，柳河回族龍燈的傳承和發展出現了前所未有的生存危機。具體體現為：人員隊

▲ 長白山區回族龍燈表演照

伍老化，中青年梯隊銜接斷代；人民群眾文化生活的多元化，觀眾群體減少；群眾自發組織，無財力、物力等基本保障等。

　　一百多年來，柳河龍燈足跡遍布柳河城鄉及周邊地區市、縣，是少數民族文化體育事業傑出的典範。

　　柳河回族龍燈是回族與漢族、其他少數民族文化相互融合的產物，既反映了柳河文化的豐厚底蘊，更反映了東北文化的博采眾長。

姜家店火山岩水稻傳統種植技藝

關於姜家店火山岩稻米種植技藝，歷史上流傳下來這樣一段順口溜：「春天系苗清明後，栽秧搶在夏至前。灌水放水找能人，薅草能把腰累彎。過了中秋忙收割，杵臼搗米過大年。」

柳河縣姜家店朝鮮族鄉地處吉林省東南部長白山餘脈。東經 125° 17ˊ - 126° 35ˊ，北緯 41° 54ˊ - 42° 35ˊ，屬溫帶大陸性季風氣候，四季分明，夏季濕潤多雨，秋季溫和涼爽。年均降水量七百三十六毫米。這裡屬火山爆發噴出的岩漿經凝結形成的火山岩台地，具有滲水透氣作用良好，吸熱和散熱快，地表晝夜溫差大的特點，能提高稻米質量。這裡的水源是山泉為源頭的三條河流，沒有任何污染。良好的地理環境加之五代人傳承的獨特種植技藝，使得這塊土地上種出的稻米潔白、晶瑩，香飄四溢，成為柳河「四香」之一，同時也被列入省級「非遺」名錄。

姜家店火山岩水稻種植技藝分布以柳河縣境內龍崗山區的姜家店朝鮮族鄉及周邊的涼水、孤山子、時家店等鄉鎮為主。近年來，分布區域有所擴展。

唐朝時期，姜家店已有水稻種植。十九世紀中期，朝鮮族農民崔太龍一家在姜家店種植水稻。二十世紀初，崔太龍因病去世，將土地和水稻的傳統種植技藝傳給女兒崔京玉；二十世紀三〇年代，崔京玉將土地和水稻傳統種植技藝傳給女婿金鐘三；漢族農民馬忠良的祖輩與崔家交往甚密，馬忠良與金鐘三同時掌握了當時的水稻傳統種植技藝；二十世紀六〇年代，馬忠良將技術傳給了兒子馬德富，並囑咐「世代都是這樣種，千萬不可違背，不可失傳」。傳承人馬福新從小跟父輩務農，一九九八年，馬德富病故，馬福新繼承家業和種植技藝。

姜家店火山岩水稻有獨特的傳統種植技藝。採取板田越冬，即冬閒田，不搞秋翻地，施用有機肥，人工除草滅蟲。來年穀雨過後旱床育苗，插秧前施一

次農家肥（基肥），插秧後十天左右施一次農家肥（分蘗肥）。緩苗期過後，要薅草三次，稻、魚、鴨共作，其目的一是除草，二是使苗根部活動，當地農民稱之為「攪弄泥」。然後是排水曬田，提高地溫，促進早熟。中秋節前後收割，稻米產品色澤清純，口味純正，保留了火山岩稻米原有的營養成分和保健價值。

目前，柳河擁有蛙田、禾興、大米姐、國信、豐田、禾香、鴨田貢米等二十多個品牌。先後榮獲中國名牌、吉林省名牌等稱號。全國政協常委、中國工程院院士、世界雜交水稻之父袁隆平題詞「祝吉林柳河稻米產業興旺發達」。

姜家店火山岩水稻傳統種植技藝是一種「原生態種植技術」，是現代水稻種植技術的基礎，對現代水稻種植有指導性意義，具有較高的傳承、保護價值。國家質檢總局二○○八年正式批准火山岩水稻為地理標誌產品。二○○九年，柳河縣被授予「中國火山岩稻米之鄉」。

▼ 姜家店火山岩稻米

隨著現代水稻種植技術的不斷發展，機械化程度不斷提高，越來越多的年輕人認為傳統種植技藝用工量大、投入高、產量低，不願採用，在某種程度上影響下一代傳承人的選拔和培養，如不加強傳承保護，很容易墮入瀕危境地。

　　為了把姜家店火山岩水稻傳統種植技藝這一優秀文化遺產繼承與發展工做作得更好，二〇一一年，柳河縣將姜家店火山岩水稻傳統種植技藝申報並列入吉林省非物質文化遺產名錄，並建設了「火山岩水稻產業園區」，通過「公司+農戶」的農業產業化經營模式，發展集群產業，推廣標準化綠色水稻栽培新技術，確保火山岩水稻傳統種植技藝傳承不衰。

▲ 姜家店火岩稻米

龍崗山「蝲蛄豆腐」製作技藝

鮑家是柳河縣涼水河子一帶很有名的「莊稼把式」，製作「蝲蛄豆腐」也很出名。日偽時期，第二代傳承人鮑德富曾在涼水河子至渾江公路旁開過小飯館，以製作「蝲蛄豆腐」而紅火，又因不願給日本鬼子吃「蝲蛄豆腐」而被迫倒閉。

項目傳承人周建國繫上一代傳承人鮑喜良的外甥。他自小在舅父家長大，並因學習好、愛勞動、會來事深得舅父喜愛。鮑喜良是方圓十里有名的「山裡活把式」，做「蝲蛄豆腐」的「高手」。每次在家裡或者幫別人家做蝲蛄豆腐都是由這個外甥做「幫手」。周建國自然也成為捉蝲蛄、做「蝲蛄豆腐」的「高手」了。

▼ 龍崗山「蝲蛄豆腐」製作技藝

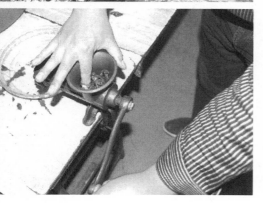

二十世紀九〇年代初期，鮑喜良在回頭溝後溝發展林蛙養殖業，得知蝲蛄資源迅速減少的信息，也開始了「長白山小龍蝦」（蝲蛄的別稱）的保護和繁育，其目的是「可以多賺錢」。由於屬致富項目，又有利於生態，已成為小學教師的周建國給予舅父很大支持，並從此投入到「長白山小龍蝦」的保護、繁育中來。歷經十多年的努力初見成效。鮑喜良逝世前囑託他「一定要把保護繁育蝲蛄的事業做好，一定要把『蝲蛄豆腐』製作技藝傳承下去。」周建國自此成為該傳統技藝項目的第四代傳承人。

周建國在支持農村群眾產業致富的同

時，引導利用四條溝谷發展林蛙養殖項目的四戶農民建起四個生態產業小區，不但發展林蛙養殖，同時搞起「長白山小龍蝦」的養殖、保護和繁育。周建國本人也拿出全部積蓄參與了一個生態小區的發展，並以這個小區為中心、三個小區為基地，從事「長白山小龍蝦」養殖、保護和繁育研究。

「蝲蛄豆腐」傳統製作技藝：以龍崗山區野生蝲蛄和地產白菜、菠菜、韭菜、雞蛋等為原料，佐以適當適量調味品。先用水將蝲蛄洗淨，然後揭蓋去皮，用石製或木製碓臼搗出汁來後，再用「豆腐包」或者篩米用的「籮」過濾去渣，將原汁倒進滾開的鍋裡，蝲蛄汁立刻變成了腦兒，一朵一朵，鮮紅的是蝲蛄肉，金黃的是蝲蛄黃，翠綠的是韭菜末，可謂異彩奇花，鮮嫩可口，令人讚歎不止。

目前，「蝲蛄豆腐」已被列入長白山吉菜部落。該傳統技藝第四代傳承人周建國面對項目主要原料——蝲蛄瀕臨滅絕，傳統製作技藝隨之迅速萎縮的現實，一方面對製作技藝加以傳承保護，另一方面又致力於蝲蛄的養殖、保護和繁育。為廣泛展開交流與探討，二〇〇八年秋，周建國寫出《長白山小龍蝦的保護與繁育初探》一文，作為交流資料，同時根據自己

▲ 龍崗山「蝲蛄豆腐」製作技藝

積累的經驗，他又扶持兩個小區的農戶各自開辦了一家以「蝲蛄豆腐」為主要菜餚的飯店，作為該傳統技藝的傳承保護和傳播載體，現已初見成效。

保護柳河原汁山葡萄酒傳統釀造技藝

「一城柳色半城河」的柳河，有秀麗的風景，更有醇香醉人的葡萄美酒。柳河原汁山葡萄酒是以山葡萄為原料，經發酵釀製而成的原生態飲料酒，以其清純的玫瑰紅色澤，口感濃香甘甜遠近聞名。特別是富含多種營養成分和原花青素、白黎蘆醇等可防治心血管疾病的元素，使其深受人們青睞。

柳河縣位於東經 125° 17 ´ - 126° 35 ´，北緯 41° 54 ´ - 42° 35 ´，地處吉林省東南部長白山向松遼平原過渡地帶，境內地表多由火山熔岩台地和河谷盆地構成，地勢多在海拔四百至一千米之間，屬溫帶大陸性季風氣候，四季分明，夏季濕潤多雨，秋季溫和涼爽，年均降水量七百三十六毫米，森林覆蓋率百分之九一點八，土壤肥沃，水源充沛，植被繁茂。晝夜溫差大，無污染的獨特生態環境和火山熔岩台地特有的優良透水透氣性能，為山葡萄內在營養功能性物質的積累和野生口味的形成，提供了得天獨厚的條件，也是柳河原汁山葡萄酒具有獨特品質的一個重要因素。

柳河源遠流長，鍾靈毓秀，有四千多年文明歷史。據考證，柳河原汁山葡萄酒有上千年傳統釀造歷史，有據可查的傳承人也有一個多世紀（約一百二十年，五代傳承人），目前代表性傳承人有孫廣輝、柳樹有等。

一千多年前，龍崗山區的先民就有用木桶釀造野生山葡萄酒的歷史。但那時釀造技藝粗糙，加上木桶會有木質中的一些元素混入酒中。經過歷代人的探索、鑽研，工藝漸漸進步。傳承到清代末年，技藝逐步完善。但百年前這裡的人們並不知道葡萄酒這個概念，加上過濾不細，常常有一些葡萄果肉混入，故將其稱作「山葡萄湯」。直到新中國成立後，才逐漸知道葡萄酒的概念，「原湯山葡萄酒」這個名稱隨之產生，隨著葡萄酒產業的發展，逐步改為「原漿山葡萄酒」「原汁山葡萄酒」。

原汁山葡萄酒傳統釀製技藝簡便、粗糙，工具也十分簡陋。在柳河，幾乎

人人都會傳統山葡萄酒的釀製技藝。

　　挑選熟透的山葡萄，用水沖洗乾淨，同時剔除爛葡萄和雜質。把葡萄盛在能漏水的容器當中，等葡萄表面沒有水珠，放入釀造容器，適當加入糖粉，嚴密封口，放在陰涼處保存。二十天至一個月左右啟封，用兩層紗布過濾浮在上面的葡萄皮，就可以直接喝到山葡萄汁和山葡萄酒了。

　　近年來，柳河以傳統技藝為基礎的現代釀造工藝發展很快，已擁有全國規模較大、生產能力較強、品質最優的山葡萄種植基地和原汁山葡萄酒生產基地，成為著名的原汁山葡萄酒之鄉。

　　柳河原汁山葡萄酒以其感觀、色澤、口味等方面的獨特性脫穎而出。清木園酒業的冰葡萄酒、桂花酒分獲國際銀獎和亞洲葡萄酒質量大賽金獎；雪蘭山酒業的山葡萄冰酒、山葡萄甜酒和天池山酒業的山葡萄利口酒分別榮獲「第三屆亞洲葡萄酒質量大賽金獎」；紫隆山酒業的山葡萄冰酒榮獲「第三屆亞洲葡萄酒質量大賽銀獎」。柳河葡萄酒產品在國內市場已成為知名品牌，一些重點龍頭企業產品已出口到日、韓、俄羅斯等國家和地區。

　　柳河原汁山葡萄酒傳統釀造技藝，傳承歷史悠久，原料資源豐富，釀造技藝簡便，容易掌握，被當地群眾稱為「土法釀酒技藝」。釀造出來的產品色澤清純，口味純正，保留了山葡萄原有的營養成分和保健價值，是現代山葡萄酒釀造工藝的基礎技術，對現代葡萄酒釀造工藝流程具有指導性意義。因此，有著極高的傳承、保護價值。

　　目前，柳河已經對原汁山葡萄酒傳統釀造技藝傳承保護採取了一系列必要措施。

　　遵循原汁山葡萄酒品質「七分靠原料，三分靠工藝」的特點，大力發展山葡萄種植基地，發展優質山葡萄種植產業約三萬畝，第一位標準就是「保持野生山葡萄所特有的生態品質」。柳河縣生產的山葡萄著色濃、色素高、果粉厚，果實呈紫黑色或藍黑色，果汁呈寶石紅色，酸甜適口，具有野生山葡萄特有的濃郁清香味，是純天然、無公害、綠色食品，為釀造葡萄酒提供品質優良

的山葡萄原料。二○○五年，柳河縣被評為「國家級山葡萄生產標準化示範區」，二○○九年，獲得國家地理標誌產品保護，成為全國優質山葡萄主產地。

與此同時，柳河縣還十分重視柳河原汁山葡萄酒傳統釀造技藝的傳承和保護，不僅著力培養下一代繼承人，還通過多種宣傳教育手段強化傳統釀造技藝的社會認知度，使山葡萄酒釀造企業從原材料的選擇到釀造過程到產品貯存，每個環節都嚴格把關。從而，確保柳河山葡萄酒一直保持著原汁原味的風格。

柳河縣原汁山葡萄酒產業已形成山葡萄種植、山葡萄原汁及原汁山葡萄酒釀造加工、商標設計、產品包裝等配套產業鏈。隨著人們消費水平的不斷提高，廣大消費者對原汁山葡萄酒的消費認知越發深入，市場需求不斷擴大，具有民族特色和地域特色的柳河原汁山葡萄酒迎來了新的發展機遇。

▲ 柳河山葡萄

▲ 冰葡萄園

▲ 葡萄參觀採摘園區

▲ 葡萄酒研發中心

長白山區滿族糖黃酒製作技藝

鑲嵌在白山松水美麗畫卷之間的一顆璀璨明珠——柳河，以她稻香、酒香、墨香、清香的特有風采，展現著柳河的迷人魅力，多民族群眾團結協作的智慧結晶，使她當之無愧地成為中國民間文化藝術之鄉，也是關東大地飲食文化的搖籃。長白山區滿族糖黃酒和柳河山葡萄酒一樣，歷史悠久，發祥於柳河，傳承於柳河，光大於塞北。在品種眾多的酒類當中，長白山區滿族糖黃酒，有著飲料和酒的兼容效果，其魅力引領風騷，獨占鰲頭，成為東北地區不可或缺的舌尖佳品。

長白山區滿族糖黃酒是以玉米、黃米、大麥為主要原料，經發酵釀製而成的原生態飲料酒。其成品顏色淡黃，呈半透明微黏稠乳液狀，口感微酸芳香甜潤，含酒精量在百分之十二至百分之十六之間，屬於低度釀造酒。糖黃酒營養豐富，含有二十一種氨基酸，大量 B 族維生素和鈣、鎂、鉀、磷等常量元素以及鐵、銅、鋅、硒等微量元素。糖黃酒既有開胃消食、活血祛寒、通經活絡、緩解疲勞、強體美容等食補功效，又具有提高機體免疫力、抗衰老、抗癌、保護心血管和心肌健康的藥理作用。適用對象老少皆宜，是白酒等烈性酒的最佳替代品。從古至今一直頗受人們的青睞。

柳河縣西南部以紅石鎮為中心的龍崗山區，早在清初即被清王朝封禁為皇家圍場，歷代清帝皇族素有在此騎馬狩獵的傳統，從不准庶民步入半步。因此植被保護良好，形成古樹參天、鳥獸聚集、資源豐富的原始森林。清早期對長白山十分敬畏，他們認為長白山是滿族祖先發祥地，是神的住所，把由東起長白山，北至新賓永陵的餘脈稱之為「龍崗山」。清同治九年（1870 年），奉天省首次在此開發墾殖。光緒二年（1876 年）清廷為充實倉廩，盛京將軍崇實再度招民墾地，關內關外大量移民蜂擁而至，人口劇增，開創了多民族在此共同生活、相互交融的文化歷史。滿族作為東北老區的傳統民族，掌握著多種傳

統技藝，其中，糖黃酒就屬滿族傳統釀造技藝。它以原始發明為基礎，在不斷探索、改造、創新方面，汲取了其他民族的釀造技術精華，逐步完善為獨具民族飲食風格的滿族特色，它是多民族餐飲文化的一個重要組成部分，是多民族相互融合團結協作的珍稀成果。

長白山區，歷來冠有「雄山托天地，林海藏珍奇」的美譽，著名的東北三寶，人蔘、貂皮、鹿茸角就產在這裡。滿族人一直是東北老戶，也是關東山「三大怪」民族。由於其與漢族頻繁交流，飲食習慣一方面與漢族有相似之處，如吃大米、白面等等。另一方面還有屬於自己的發明創造，如殺年豬、冬天常吃豬肉燉酸菜粉條、過節時吃「艾吉格餑」（即餃子）等。還保留了餑餑、湯子、薩其瑪、火鍋等有民族特色的飲食風格。尤其是糖黃酒的發明，更加豐富了滿族餐飲生活，大大提高了滿族人飲食文化的品位。

長白山區滿族糖黃酒的起源和發展可追溯到一百三十多年前的清朝末期。光緒二年（1876 年）滿民王竹新移民來到柳河的紅石鎮。據紅石鎮的老年人講，王竹新家世原稱王炎氏，屬滿族正黃旗族譜，「王炎」是王姓滿族人的原始姓氏，其祖輩王炎氏曾於清王室燒廚，精通御膳烹調，尤以釀造、發酵、製麴、漏粉、拔糖凸顯獨到專長。但到了王竹新之曾祖父時，此人因過於耿直常常與權貴叫板而被貶為庶民，遂舉家輾轉於新賓、桓仁一帶。王竹新攜家落戶於紅石碰子後，迫於謀生之需要開過驛站、飯館。現在仍有紅石鎮紅石村學校道南遺址為證。那時，王竹新早已年逾花甲，老人自知年事已高將不久於人世，遂將祖傳漏粉、釀造、發酵、拔糖等傳統技藝毫無保留地傳授給兒子王玉山和徒弟王繼福，同時也傳給了周圍的人們，以求共同謀生之道。這些看似不起眼的民間飲食工藝，不僅曾經給養著本地當年開發龍崗山一萬多人口的伐木工人，還輻射帶動了周邊地區飲食加工業的蓬勃興起。紅石鎮，這塊在中國版圖上用放大鏡幾乎都難以找到的小圓點，早已不聲不響地成為長白山區滿族糖黃酒和關東大塊糖繁衍的故鄉。

長白山區滿族糖黃酒傳承人：

王炎氏（滿族、第一代傳承人）掌握祖輩烹飪、釀造技藝。

王炎琪樹（滿族、第二代傳承人，王炎氏之子）於新賓、桓仁一帶，延續糖黃酒釀造技藝。

王竹新（第三代傳承人，王炎琪樹之子）：十九世紀末，從老輩手中繼承「土法釀造技藝」，開創滿族糖黃酒落戶柳河紅石鎮釀造歷史。

王玉山、王繼福（第四代傳承人分別為王竹新之子、徒弟）：二十世紀二〇年代初，繼承父輩釀造技藝。

王浩詩、王鳳鳴（第五代傳承人，王浩詩係王繼福之子，王鳳鳴係王玉山之子，滿族）：二十世紀五〇年代，繼承原漿糖黃酒傳統釀造技藝。

王仁增、王忠林（第六代傳承人，其中，王仁增係王浩詩之子，王忠林係王鳳鳴之子，滿族）：二十世紀八〇年代繼承長白山區滿族糖黃酒傳統釀造技藝。

長白山區滿族糖黃酒釀製工藝、工序，完全採用原料蒸煮複式發酵法，具體程序如下：

「踩」麴子　原料多採用五穀雜糧，一般用去皮的玉米子和大黃米、小米、高粱、大豆、小豆等混勻後磨碎，再與70℃左右的溫水攪拌均勻，濕度掌握適當，把配製好的原料放進木製模型（俗稱坯掛子）裡，用腳反覆踩實。再把踩壓成型的坯料用毛頭紙包嚴，放在密封的紙箱內發酵，約五十天左右，發酵成功後，即成為麴子，待用。這種直接用腳踩麴子的方法，不宜被消費者接受，現在隨著社會的發展，所謂的「踩麴子」工藝早已改進為「采麴子」，方法已經由人工腳踩變為機械壓製工藝。

大麥催芽　當麴子即將發酵好時，按照大麥與待加工玉米以重量比1：30的比例稱取適量的大麥，經去雜後晾曬一到二天，之後放在溫水裡浸泡兩晝夜，撈出後再次沖洗乾淨，放在溫暖的地方進行催芽，催芽期間要注意每天用清潔溫水換水一次，直到麥芽全部出齊待用，注意麥芽長度不能超過一釐米。

煮熬主料　把事先準備好的玉米破成大子，和大麥芽一起放進大鍋裡煮熬

到九份熟，趁熱過包，將濾出的原漿放進大缸裡，再把事先準備好的曲子掰碎裝進細紗布口袋，口袋扎嚴後放進原漿缸裡，用無毒無菌薄膜封嚴缸口，缸最好放在地窖或地下室內，保持恆溫存儲至少三十天后，開缸檢查發酵情況。在開啟缸口的瞬間，如果聞到芳香清爽的刺激味，品嚐口感甜潤略酸，意味糖黃酒發酵成功。值得一提的是，主料過包後擠出的渣子，是飼養豬牛羊的最佳育肥料。糖黃酒的整個製作工序沒有任何扔掉而造成浪費的東西。

長白山區滿族糖黃酒，雖然具有豐富的營養價值，但受其生產工序、工藝和條件複雜的限制，特別是假冒偽劣飲料市場的衝擊，以及酒類市場品種繁多的影響，同時，由於製作工具、設施落後，

▲ 滿族糖黃酒製作步驟麴子塊

▲ 滿族糖黃酒封存

▲ 滿族糖黃酒成品

工藝繁瑣，產品成本過高等原因，它的傳承和發展面臨著失傳的危機。在保持原生態品味的前提下，改進生產工藝缺乏資金支持。

早年間，關東人家幾乎家家都做一大泥缸糖黃酒，以備全家一年享用。大人孩子都喜歡喝。少喝一點，會感覺全身輕鬆舒服，走起路來有飄飄然的感覺；即使喝多了，也僅僅像催眠劑一樣酣睡一場，待醒來後，並無全身乏力、頭痛噁心的感覺，也絕不像白酒那樣過量酗酒後發生嘔吐狂躁、眩暈昏厥的反應。關東漢子勞累了一天後，到家先喝上一碗糖黃酒，既解渴又解乏，簡直美透腔了，人們就寢前，少喝一口糖黃酒，頃刻就會感到暈乎乎地進入了甜美的夢鄉。皇室御親尊稱之為皇宮御液，庶民稱之為「液體蛋糕」。糖黃酒既保留了糧食原料原有的營養價值，又完美地發揮了藥食互補的神奇作用。因此，該項技藝有著極高的傳承、保護價值。

關東大塊糖傳統製作技藝

　　關東大塊糖和長白山區滿族糖黃酒一樣，歷史悠久，是關東大地的民俗特產。

　　關東大塊糖是以是小米、大米、玉米、大麥芽等為主要原料，經發酵熬製加工而成的空心糖。其色澤呈乳白色，外觀扁平呈絲條狀，新做出的大塊糖又酥又脆香甜可口，具有一種特殊風味，是關東男女老少都十分喜愛的一種糖品。

　　關東大塊糖也有人稱之為「灶糖」「脆管糖」。清人寫的《燕京歲時記》中記載：清代祭灶，供品中就有「關東糖」「糖餅」。只有在農曆小年前才有銷售。在關東的農村，流傳著一項送灶王爺升天的民俗風情。過小年這天，不論貧富，家家都要在鍋台後牆上，貼上灶王爺的尊像，在像的兩邊還要貼一副對聯，上聯是：「上天言好事」，下聯是：「下界保平安」，橫批是「一家之主」。每家都把灶王爺奉若神明，由它來主宰一家興衰福禍。相傳，灶王爺叫張生，原先家裡很富有。媳婦李氏雖然很賢惠善良，但因不能生育，被張生休了，之後，李氏仍勤勞能幹，不久竟然成了大財主。張生的續絃貌美如仙，但其一身惡習損家敗業，她好吃懶做被餓死後，張生靠乞討度日。當張生討飯闖進李氏家時，還受到前妻李氏的款待，張生羞愧難當，深感無地自容便一頭紮進灶坑裡，被灶火燒死。張生升天后向玉皇大帝認錯，被封為灶王爺，讓他成為天地間的使者，作為玉皇大帝的耳目。他每年臘月廿三都要例行回天，向玉皇大帝匯報凡間民情，玉帝根據他奏報的情況，瞭解各戶一年中的所作所為後，對這人家進行獎善懲惡。

　　因此，過小年送灶王爺升天，也成為每家都很重視的一件大事。這天，主人們對灶王爺表現得十分虔誠，並千叮萬囑灶神上天多說好話，保佑一家平安，但對灶王爺還是放心不下，他們絞盡腦汁，終於想出個妙計，研製出一種

▲ 熬糖原漿

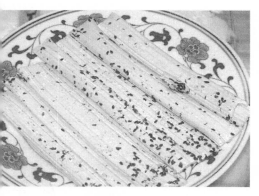

▲ 大塊糖

▲ 關東大塊糖

又甜又黏的食品就是大塊糖，用它把灶王爺的嘴給封上，免得他上天見到玉皇大帝胡謅八扯，說壞話；給灶王爺吃關東糖的另一種意思是用關東糖賄賂灶王爺，托他到玉皇大帝面前，多給家裡人盡善美言。這種行賄祭神的獨特風俗，反映出舊時民間追求美好生活的強烈願望。因此，在送灶王爺升天時，各家各戶都要買上一二斤大塊糖，在香案上供祭。久而久之，就成為關東大地的一種習俗。

每逢冬季，特別是臨近臘月廿三過陰曆小年的時候，東北的城鎮、鄉村集貿市場上，都擺放著大塊糖，有的商販還到農村走街串巷吆喝叫賣。這種大塊糖，早已成為關東約定俗成的一種特產。特別是在過去，在關東手工業還不發達的年代，有些農戶將製作大塊糖當成了冬季農閒時副業收入的一種手段。

因「長白山區滿族糖黃酒製作技藝」與「關東大塊糖傳統製作技藝」為同一傳承人，據考證，大塊糖在本地製作技藝也已流傳一百多年，有據可查的傳承人也有一個多世紀（約一百四十年，歷經了六代傳承人），目前的代表性傳承人為王忠林、王仁增。

關東大塊糖作坊是典型的老式傳統作

坊，設備主要有鐵鍋、大缸和案板，製作方法傳統古老，技藝講究，過程比較複雜。具體工序如下。

配料　製作大塊糖的工序首先是配料，原料可以是小米、大米、玉米、大麥芽等作物。最好的原料首選大黃米，料配好之後要用清水淘洗數遍，直到將米糠、雜質全部洗淨待用。

熬糖　將配好的料放入鐵鍋熬煮，水分比例適當，掌握好火候。經過熬製出的糖叫「糖膏」，也叫「糖稀」。這個時候的糖膏，溫度可達 158℃ - 160℃，表面形成一層薄膜。有經驗的糖匠，用挑糖棍從糖鍋裡將糖挑起，尺把長的糖絲不斷，又呈現白色透明，糖鍋裡也不再起小白氣泡泡。這是證明糖裡沒有水分了，開始「起鍋」。

起鍋　起鍋，是製做大塊糖的第三道工序。其程序是將鍋裡的糖稀舀出來，放在案子上或容器裡，進行冷卻。待到糖稀熱度降到 80℃ 左右時，便可以「揉糖」了。

揉糖　揉糖是第四道工序，就是將熬好的糖膏放在案子上反覆揣揉，每次只能揉五斤左右，揉糖要一氣呵成。揉起糖來往往是餓了不能吃飯，渴了也顧不得喝口水。將糖揉好之後開始「拔糖」。

拔糖　拔糖是製作大塊糖的最後一道工序。拔糖的工藝操作是兩個人面對面，一人握住糖膏一頭，將糖抻到一定的長度，再將糖膏兩頭對合，接著再抻拉。如此反覆多次，糖膏越拔越白，越拔越細，最後要拔出「蜂子窩」，放到案子上，打餡，加香料，壓成一樣大的塊型，然後冷凍，大塊糖就做成了。

關東大塊糖和冰糖葫蘆一樣，受季節限制性強，只能在低溫環境下製作、銷售，所以只有在東北的冬季可樣。一方面，製作工序比較麻煩，工藝複雜，製作者消耗體力較大，嫌累，傳承人隊伍出現斷檔現象；另一方面，由於改革開放後，糖果市場繁榮、品種琳瑯滿目，對關東大塊糖造成巨大沖擊，故此，關東大塊糖面臨著失傳的危機。

關東大塊糖，作為關東大地的一項非物質文化遺產，延續了自古以來的原

生態品質，保持了原汁原味的品味特徵，它對原始造糖工藝的探究以及現實製糖技藝的改進與革新，具有重要借鑑意義。同時，它不僅是關東老鄉的民俗用品，也是北方農民利用冬季農閒季節增加收入的一項致富項目。它對活躍城鄉經濟，豐富百姓飲食文化，增添群眾生活色彩，具有極其重要的傳承和保護價值。

第六章 ——

文化風俗

風俗承古意，血脈寫民情。柳河以滿、漢民族為主的雜居融合，經過多年的演化變遷，逐漸形成了具有柳河特色的文化風俗。作為中華民俗文化的組成部分，柳河文化風俗既秉承了原始社會崇尚自然古樸神祕的色彩，又彰顯了關東文化兼容並蓄樂觀向上的風格，寄託著人們對幸福生活的嚮往，對美好未來的祈願。

▍民俗文化

　　玩燈籠　人們追求光明，從小孩子做起，除夕前就把燈籠做好。小孩用秫秸稈扎框，糊上色紙，安上蠟扦，這是所有孩子都會做的。大人做的燈籠比孩子做的大，造型複雜多樣，水果、動物形狀，應有盡有。還有專門畫好圖案的紙摺疊擠壓成條紋的燈，晚間孩子們提著摺疊燈，走起路來有節奏地顫動著，燈光閃爍不定，饒有情趣。門前掛紅燈，院中長長的松木桿巍然屹立，綵燈高掛，與星空相接，燈光與星光交相輝映，人間一片祥和。

▲ 玩燈籠

　　貼春聯　對聯亦稱「楹聯」「對聯」「對子」「門聯」，人們黏貼對聯迎春接福，又把對聯叫作「春聯」。「春聯」的主題是迎春、賀春、頌春。黏貼對聯的地方主要是大門、屋門，故稱「門聯」。這是春聯的主體，多是人壽年豐、五福臨門、吉祥如意一類語句。祭祖處貼的對聯，意在飲水思源，慎終追遠，永不忘本。倉房、車棚、馬棚、牛棚、磨房、碾坊、雞架、豬圈等處也貼對聯，內容針對性很強，意在希望五穀豐登、六畜興旺。對聯上面有橫批，橫批是全聯的總結或者提示，應該是點睛之筆，不要隨意張貼，要選用恰當的內容，不

▲ 貼春聯

能自相矛盾。張貼對聯應遵循「人朝門立，右手為上，左手為下」的原則。因為按傳統讀法，直書以從右向左為序。

　　民間尚有「供福字」的節令習俗，滿、漢皆有。農曆新年前，以方形紅紙上書「福」字，貼於正宅西壁神位下牆上，有貼於祖宗匣上者，意為求得天神、祖先賜福和取吉利。近年民間多改為將福字貼於大門、糧倉等處，門兩側貼對聯，中間配有福字。又故意將福字倒貼，取諧音「福到（倒）了」之吉意。

　　貼年畫　每逢春節，人們都願意買幾幅年畫貼在牆上，增添佳節的祥和歡樂氣氛，也是對來之不易的好年景寄託誠摯的心意。俗云：「買蠟不如買畫，買蠟一時燃，買畫看一年。」人們根據喜好的不同，張貼各類年畫。有古代叱吒疆場的英雄豪傑，如孫武、伍子胥、韓信、衛青、霍去病、關羽、岳飛、文天祥等；有絕代佳人，如西施、趙飛燕、貂蟬、王昭君、楊貴妃；有文人雅士，如孔子、孟子、老子、韓非子、李白、杜甫、白居易、蘇軾、關漢卿；有古典小說人物形象，如張飛、趙雲、馬超、周瑜、武松、魯智深、林沖、孫悟空；有戲曲故事，如《龍鳳呈祥》《借東風》《過昭關》《三岔口》《四進士》《挑滑車》《野豬林》《西廂記》；有山水畫卷，如齊白石、徐悲鴻、關山月、傅抱

▲　貼年畫

石、錢松 、李可染、宋文治等人的條幅；有李慕白、金梅生、金肇芳、楊俊生的新年畫，多以現代題材入畫，金梅生的《豐收的果實》最為人們喜歡。而今導師、元帥、戰鬥英雄、科學家、藝術家和名山勝水成為年畫的時尚，而吉慶有餘、龍鳳呈祥、幸福家園、共奔小康更是人們對幸福生活的追求和對美好未來的期盼，此類年畫成為主流，幾乎家家都貼上幾幅。

骨碌冰　節令習俗，滿、漢皆有。農曆正月十五晚，婦女兒童在河面或井台冰上倒地翻滾，謂之「脫晦氣」，同時邊滾邊說：「軲轆軲轆冰，不腰疼、不腿疼；軲轆軲轆冰，身上輕又輕；軲轆軲轆冰，心兒放了鬆；軲轆軲轆冰，一覺到天明……」

到了冬季，特別是臘月裡，在居室裡「貓」了一冬天的人們，一看見白白的雪，一看見晶瑩的冰，心中便增加了幾許愉快和清新，於是成幫結隊地走出居室，奔向雪地和冰河。來到冰上幹什麼？軲轆冰，打滾……這往往是一種集體娛樂，或比賽。一個人和衣往冰上一躺，另一個人使勁推拉，稱為「拉冰」；自己在冰上打滑，稱為「打滑赤溜」；幾個人分成兩伙在冰上「打仗」，稱為「攻城」，或「占山為王」。冰面上遊戲結束後，以碎冰塊含口中，回家時將所帶冰塊敬家中老人。又口含冰塊玩「嘎拉哈」、包餃子等，歡笑玩耍至夜方休。如家中有大齡未婚者，回家後其父母故意讓其搖動葷油壇，稱為「動大葷」，取其諧音寓當年能動婚成親之意。

▲ 骨碌冰

▲ 猜燈謎

其實，人們在冬季，在屋子裡待時間長了，就會得病，而到戶外的冰上和雪地上走一走，跑一跑，跳一跳，滾一滾，人的身體和身上的各個部位，都會得到運動和鍛鍊，於是各種疾病便會消失，心情也隨之暢快，所以軲轆冰是東北人冬季的一種樂趣。

猜謎語　謎語一般指事物謎，適合成人猜，也適合兒童猜。農閒和工餘時，人們坐在房前樹下，講故事，猜謎語，為生活增添一分樂趣。猜燈謎是新春佳節常見的娛樂活動，柳河縣每年元宵佳節都舉行燈展，在五顏六色的燈上寫有各類燈謎，人們爭先恐後去猜，熱鬧非凡。燈謎多是文義謎，適合有一定文化水平的成人猜。燈謎有體有格，燈謎的「體」是指運用不同的體裁，製成燈謎的方法；而「格」是指某些燈謎特殊構成的方式。凡謎必從屬於一個或幾個體，而不必一定有格。

燈謎的體大致可分為會意、增損、象形、分扣四大體。

會意體　對謎面的文義進行領會、思索、推理，從而聯想出謎底來。如「宏觀」打常用語「大處著眼」。

增損體　其不考慮謎面文字的含義，僅從文字的筆畫增減、離合等變化著手。如「春」打話劇名二《三人行》《日出》。即春字去掉「三人」，「日」就顯「出」來了。

象形體　運用比喻的方法，將文字象形化。如「一鉤殘月帶三星」打一「心」字。

分扣體　其實際上是上述幾種方法的合成。要把謎面分解成兩個或兩個以上的部分進行分析、解釋。如《魯迅全集》打曲藝「山東快書」。即：魯（山東），迅（快），全集（書）。

以上四體往往是交織在一起的，一條燈謎具有兩種以上的體都是極為常見的。

燈謎的格最常用的是四大格，即鞦轆、捲簾、徐妃、求凰。

鞦轆格　謎底限定為二字，倒過來讀以解釋謎面。如「問蒼茫大地」打地

質名詞「土質」。倒讀作「質土」，即質問土地之意。

捲簾格　謎底在三字以上，也是倒讀以扣合謎面。如「黨內不以官銜互稱」打成語「志同道合」。即倒讀為「合道同志」。

徐妃格　根據《南朝后妃傳》中徐妃半面之妝的典故而取名，謎底是要求兩個字以上的相同的偏旁或部首，從而和謎面含義吻合。如「漫天討價」打常用詞「哆嗦」，即作「多索」解。

求凰格　其和對聯相似，謎面是上聯，謎底是下聯。所不同的是必須在對出下聯後，還要在前面或後面加上含有「成雙作對」的附加字或詞，如對、配、雙、會、比、偶、朋、齊、合、相逢、相會等。如「實彈」打京劇《對花槍》，其中「花槍」與「實彈」相對，「對」字是附加字。

附劉玉章所出謎語：

日落西山哭啼啼；

多年老道連破衣；

船到江心墜江底；

飛行萬里恨天低。

以上四句各打一鳥名（鶴、鳩、魚鷹、大鵬）

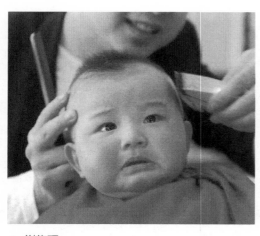

▲ 剃龍頭

龍抬頭　「二月二，龍抬頭」。二月二，正值春分前後，天氣漸暖，地氣上升。家家炉上豬頭，供給龍王，表示敬意。各家各戶，手持長桿敲打房屋的過梁、門窗，稱之「打蟲」，保一年平安，不受蟲災干擾。點燃香火，對房屋四處一熏，稱之「熏蟲」。晚間點燃蠟燭，四處照耀，稱之「照蟲蠟」。當日，男人都要剃頭，稱之

「剃龍頭」，希圖大吉大利。各家從水缸處，以草木灰淋灑出梯形的龍道，延伸到庭院後，成又大又圓的糧囤形，再引灑到井台邊，稱之「龍道」，可以引來福水，保一年豐收。這一天，母親用秫秸頂端的長桿或是布條穿成的龍尾，戴在孩子的胸前，表示抬頭的龍還要擺尾。而男人「冬不推，夏不搗，二月二不剷草」，女人不動針線，意思是不要紮了龍的眼睛。

插艾蒿　端午節習俗。正所謂「清明插柳，端午插艾」。人們端午節日出之前上山採帶露艾蒿，將採集的艾蒿一棵一棵插入屋簷上，或結為一束懸在房門上，謂之可以避瘟疫。又用五色絲棉線合為一股繞繫小兒手腕、腳脖和脖頸上，均為除邪祛病之意。亦有以艾蒿泡於

▲ 插艾蒿

水中或用清晨採接的露水洗臉洗手者，據傳可防生瘡癤和鬧眼病。滿、漢族均有此俗。未採艾蒿者便用柳枝代替。

上梁　每當建新房立房架之日都要舉行「上梁儀式」，房主家親友前往致賀，並贈以紅綢、紅布，主人將紅綢與銅錢穿起掛在房梁上。房梁上好後燃放鞭炮，主人向梁上澆酒，祭天祭神。舊時還唱《上梁歌》：

▲ 上梁

　　澆梁頭，澆梁頭，
　　祖祖輩輩出王侯。
　　澆梁腰，澆梁腰，
　　祖祖輩輩吃犒勞。

唱《上梁歌》後，就宴請前來致賀的親友，俗稱「上梁酒」。前來致賀的打板先生一邊打板一邊說：

釘是釘，

鉚是鉚，

哪天上梁哪天好……

主人立即賞給打板先生賀錢。

▲ 漿被

漿被　秋季到來，金風送爽，婦女開始漿洗被縟。將被襯、縟裡拆後洗淨，乾後，就用撈好的大糙子或小米飯米湯將其浸濕曬乾，兩人各拽其一邊用力抻，身體略往後仰，手一拽頭一甩，發出有節奏的啪啪聲，然後將其放在捶板石（砧板）上用棒槌捶打，響聲傳遍村內，兩人對打，四隻棒槌，上下翻飛，直打得光滑平整為止。漿洗後的被縟疊得整整齊齊放在炕琴上，顯示出女主人勤勞、講衛生的天性和風範。

抽旱煙　舊時男女多吸菸，來客必以菸相待。室內用帶有香味的乾草編成繩子整日點著，以便隨時點燃旱煙。「關東三大怪」之一——「大姑娘叼個大

▲ 抽旱煙

煙袋」。煙袋由煙袋鍋、煙袋桿和煙袋嘴三部分組成。煙袋桿由細木組成，烏木為上，外圓中空，兩端分鑲菸嘴與煙鍋。煙鍋用以裝菸，金屬為之，有黃銅、白銅等多種，為碗狀，中有桶，可通底部曲管。菸嘴為一細長空心管狀，頂端有咬口，多以銅、玉、石、瑪瑙、翡翠

為之。男用者短而粗，女用者細而長。煙桿長短不一，外出或勞動多用半尺左右短桿，攜帶方便，桿上懸掛煙口袋，用以裝菸。家居多用長桿，長者達一米左右，由小輩點菸，以示尊敬。東興村有人有一玉石煙袋，煙鍋、煙桿、菸嘴為一體，煙鍋為一空拳形，可裝菸，長不過四寸，小巧玲瓏。

開臉　滿族婚嫁習俗，亦稱「絞臉」。成婚之日或次日，新娘「坐帳」將結束時或吃「合喜麵」之前，由娘家或婆家請一「全福」婦女（即公婆、丈夫俱在且兒女雙全者），用新鑷子和五彩絲線為新娘拔去臉上汗毛，同時開齊額髮及鬢角，以標誌此女已是成婚之人。

▲ 開臉

漢族亦有此俗，但婦女是於出嫁之前一兩日在娘家行之。

攙轎　送親習俗，滿、漢皆有。結婚之日新娘將乘轎前往男家時，因其頭蒙「蓋頭」且有害羞之意，一般並不自行入轎，而是由人攙、抱而入。攙（抱）之人例用男子，多由新娘之叔父、舅父、姑父等任之，亦有由新娘之兄將其抱至迎親車上。

離娘肉　青年男女結婚當日，或女方從娘家帶走一塊肉，或男方給丈母娘

▲ 攙轎

▲ 離娘肉

家送去一塊肉，俗稱「離娘肉」。有的村屯娶親當天，男方帶上四根肋條肉，從中割開不割斷，到女方家割開後留下兩根，另兩根再拿回婆家。三天回門時，新娘要從娘家拿回兩紮大蔥、兩紮粉條、兩紮松樹明子，寓意小兩口的日子充裕、長命百歲，願婆婆處事明明白白。

▲ 鬧洞房

▲ 採生人

鬧洞房　鬧洞房又稱「逗媳婦」「吵房」，於婚禮迎娶正日之夕，夫妻吃長壽麵後。新婦之小叔小姑或妯娌等，對新人可出詼諧之語，以戲弄之，引起鬨堂大笑，助興。至夜闌時，小姑或妯娌為之鋪放被縟，兩相搭及，然後令新郎、新婦入洞房而散。

採生人　漢族、滿族育兒習俗。據說嬰兒長大後，相貌、性格、人品與第一個進產房看望他（她）的人十分相像。所以新生兒的人家都盡量阻止不合意的外人進入產房或院內，而讓其認為比較理想的人選先接觸嬰兒，以期嬰兒有個美好的未來。

起名　人們以名為貴，所謂名者實之賓。多以成語、吉祥語命名，確定奮鬥方向，激勵成才致富。多以「仁義禮智信」「金玉滿堂」「福祿禎祥」「發福生財」「富貴有餘」「文武雙全」「梅蘭竹菊」「吉慶有餘」「連年有餘」等命名。亦有按代取名，除「孔孟顏曾」等姓外，如曲姓按「一、三、五、七、九」命名。即使人口少者亦以吉祥語單字命名，男姓多以富、貴、金、銀、財、寶、海、洋、山、明、林、河、惠、安、順、湖、輝、元、忠、城、清

等，女性多以花名或與花有關事物為名，如梅、蘭、竹、菊、桃、杏、花、芬、桂、琴、香、芝、榮、淑、珍、秀、芳、英、蓮、娟、玲、華等。這種傳統命名的弊端是容易重名，有時同村都有重名者。「一」是萬物起始，萬物之首，故有以「一」命名者。一九四九年新中國成立後，起名方法革新，以激勵成才的成語、政治語言、奮發向上的流行語、行業術語命名漸多，逐漸形成主流，以「建國興邦」為主題起名。因與蘇聯友好，取名倣法蘇聯，男以「夫」，女以「麗娜」命名不乏其人。亦有以俗語命名者，如虎勝（諧音虎剩），虎口餘生，必有後福，望長命百歲。帶弟、招弟，希望生女而後能生男。亦有以父母之姓合起為名，或以父姓與母姓諧音字合起為名。近二十年來，以起名、測事為職業者大有人在，他們多以吉祥詞語與「五行」相吻合來命名，通過電腦起名更為流行，有的名字字數增至四字。

　　肚兜　是貼胸小衣，俗稱「抹胸」或「兜兜兒」。方尺布為之，去其一角，或裁為方圓，其上彩繡花卉紋飾，緊貼前胸，防風寒內侵。中間以兩帶束腰腹，上端以細帶或銀鏈繫於項間，男女皆用，每至盛夏，鄉間小兒裸體穿著。

　　舊時風俗於端午節，人們做成蠍子、蛇、蜈蚣、壁虎、蟾蜍等五種毒蟲的織物，掛在兒童身上或牆壁上，認為可以避免各種毒害。後來就在兜肚上繡有五種毒蟲的圖案，意在讓孩子不受毒害，健康成長。

▲ 肚兜

　　睡搖車　育兒習俗，滿漢皆有，俗云：「關東三大怪」之一，「養活孩子吊起來」。搖車，亦稱悠車，長近三尺，寬一尺餘，船形，多以樺樹皮或椴木等薄板為之。以繩懸於屋梁上，距地三尺至四尺。車身繪以吉祥圖案或有「長命百歲」等吉語。先放上枕頭，鋪好褥子，將嬰兒置於其內，如哭鬧，看護人手推搖車使之前後悠動，口中哼吟：

風兒輕，

月兒明，

樹葉遮窗櫺。

蟈蟈兒，

叫錚錚，

好像琴絃聲，

娘的寶寶睡在夢中……

▲ 睡搖車

嬰兒在搖籃曲中便安靜入睡。

放山習俗　放山，就是人們結夥到深山老林採挖野山蔘。人們搭幫結夥，找心地善良、放山經驗豐富的老手當把頭，領大家進山。每幫都為五人、七人或九人，取其單數，下山背著人蔘（人身），就成了雙數。進山要選吉日良辰，人云：「要想有，三六九」，「要想發，三個八」，所以進山要選逢三逢六或逢八逢九的大吉大利日子。

進山前大家湊錢拿著香蠟紙馬和供品，由把頭率領到屯邊專供山神爺老把頭的山神廟，祭奠放山的始祖老把頭孫良，祈禱老把頭保佑放山人拿到大貨。

進到山裡，把頭觀好山景搭好窩棚住下後，再用石板搭一山廟。飯做好，先盛上三碗供在山廟前敬奉老把頭。飯後還要盛一碗飯放在住處門口，豺狼吃

▲ 放山習俗

後圍著住處撒泡尿，野獸就不敢來了。

　　翌日，老把頭先觀山景，看哪個山頭有蔘，就在哪兒排活，稱之「排棍」。把頭站在首位，往下排，每個人一索撥棍（撥草尋找人蔘的木棍）遠。找蔘時不准說話，假如遇到什麼，誰一說，把頭就讓誰背著。碰到蛇，只能說遇到了「錢串子」。壓山壓累了，把頭會叫大夥坐下來拿個火（歇息歇息），但不准坐在樹墩上，因為那是山神爺的座位。壓山的時候，誰先發現了人蔘，就得「喊山」——高叫一聲「棒槌」，同夥人馬上得接山，問：「什麼貨？」喊山者得報是幾品葉，此時喊山人要用兩頭栓著銅錢的紅絨繩把人蔘秸子纏起來，等同夥圍攏來他就可以到一邊休息了。也因為他喊了山，是有功之人。其他人要架梁子、打圍子——有的用樹枝給把頭打蚊蟲，有的用樹葉為把頭取涼。把頭這時把油布鋪在地下，跪下雙腿慢慢把人蔘抬出來（放山人把挖叫抬），以免傷了人蔘的鬚根。然後在附近找棵紅松樹，在一人多高處用快當斧子剝一塊樹皮，用作打蔘包子。被剝的樹幹必須對準蔘掩子（人蔘伸張處），然後在被剝去樹幹的左上方用快當斧子砍上幾個印，中間砍上挖到蔘的大小——四品葉砍四斧子，六品葉砍六斧子，也有在右下方砍上年月日的，這叫「打兆頭」。目的是給以後來挖蔘的人通個信息，告訴他們在此曾經挖到什麼貨。要是大貨，他們就會想到這附近還會有貨，把頭就帶領大家在這附近壓山。

　　打蔘包子講究方法，四品葉以上的蔘，蔘秸子留在外，把頭背上，那紅紅的蔘籽多遠也能看見。另一夥放山人，如果遇到時，隔多遠就喊：「把頭快當」，挖到大貨這夥人齊回：「快當！」另一夥放山人如果沒有拿到大貨，願意入夥，拿到大貨這夥人表示歡迎，賣了蔘，原伙人和後入夥的人一樣分份子。這也是放山人的道德——有福同享。如果賣上大價錢，就要殺豬祭祀老把頭，並請左鄰右舍共同慶賀，即使過路人走到這裡，也要請進屋喝酒吃肉。

特色食品

　　蘇耗子　又稱「粘耗子」，「蘇葉餑餑」，也有叫「蘇葉乾糧」的。農曆五月中旬，蘇子葉長大了，開始用蘇葉包蘇耗子。人們把黃米或粘大米浸泡數日後磨成的漿液，做成麵糰，擀成薄皮，裝入豆餡，包成後形狀似鼠，故人稱其「蘇耗子」。蒸熟後的蘇耗子，有蘇子的特殊味道，蘸糖食之，別有一番滋味。滿族人民不僅平時喜食之，而且時逢祭祀還常用來供神。

▲ 蘇耗子

　　玻璃葉餅　農曆五月至六月初，多是在農曆六月初六那天吃玻璃葉餅。柞樹葉子長大，葉面光滑錚亮，就像塗了一層綠蠟，所以稱之「玻璃葉」。人們將玉米糙子浸泡一兩日，用石磨磨成濃稠漿液，然後將採來的柞樹葉洗淨放平，左手拿著，右手持刀將玉米子漿液抹在玻璃葉上，然後將菜餡放入其上，將柞樹葉合上用手捏好，放入鍋內蒸熟，其形狀色澤類似玻璃般晶瑩剔透，這就是玻璃葉餅。菜餡可用白菜、芹菜，加入少量的肉。食之清香可口，餅皮略有些苦澀味道，人們喜食這種香中

▲ 玻璃葉餅

有苦的特殊食品。還有用椴樹葉或葡萄葉做的玻璃葉餅，但就沒有柞樹葉做的玻璃葉餅那種特殊味道了。

散狀　人們將水燒開，上面鋪平雁布，開水蒸騰，將磨成細麵的黃米麵用籮篩下一層，待熱氣上來，再篩下一層，高三寸許，蓋鍋蒸之，一小時後即熟。熟後，用刀切成塊狀。散狀，食之乾爽可口。

▲ 散狀

驢打滾　先將黃米麵糰放入鍋內蒸熟，揉成麵糰，撕成餅後，將黃豆炒熟磨成的細麵撒上薄薄一層，把薄餅捲成多層的筒狀，用刀切成一段一段的，側面成梯形狀，用筷子從上面壓下，成卷子形狀，有稱其為豆麵卷子，亦有根據其做法稱之為「驢打滾」。這種食品屬於黏食的一種，食之既有豆香，又有黏米的芳香，黏米麵細膩發黏，豆麵略顯粗糙乾爽，真是粗中有細，黏中有香。

▲ 驢打滾

煎餅盒子　把煎餅攤開裝入菜餡疊成矩形，放入有少許油的鍋內相煎，兩面均煎，要用文火（火急容易糊鍋），瞬息便好。雞蛋韭菜餡最為鮮美，清香可口。若是那種發脆的煎餅，可事先用水揮好，由脆變濕潤後再裝餡，就可下鍋煎之。

▲ 煎餅盒子

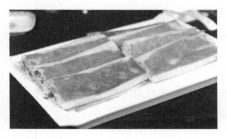

▲ 煎餅盒子

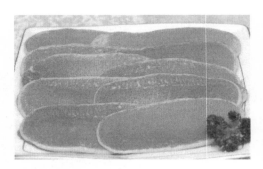

▲ 牛舌餅

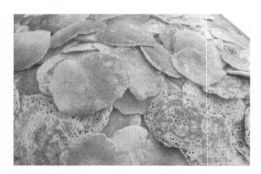

▲ 鍋出溜

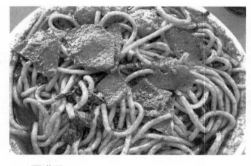

▲ 壓礦子

牛舌餅　將玉米子或小米用水浸泡後，磨成漿液，稠稀適度。鍋熱後，用勺子使漿液從鍋上順勢淌下，熟後用鍋鏟取出，形狀有如牛舌，餅面上有圓孔，故稱之為「牛舌餅」，俗云「鍋出溜」。小米麵的牛舌餅最為可口。

壓礦子　把苞米子或高粱米浸泡數日後，磨成漿液把水擠出後成麵糰，用手將麵糰在礦板上擠壓，絲絲麵條從礦板孔中露出，落入滾燙開水中，然後用笊籬將其撈出放入冷水中。用韭菜、雞蛋炸醬，將礦子盛在碗中，放入韭菜、雞蛋炸醬，一攪拌，食之芳香可口。吃礦子最佳季節是盛夏，入伏後，天氣炎熱，午間吃涼水浸過的礦子，非常爽口，還能解暑，可謂「一食兩得」。應注意的是苞米子不宜浸泡時間過長，時間一長，苞米子腐臭，食之容易中毒。平素將米用清水沖後進行淘米，可將淘米水留下，一週後將淘米水倒出，將沉澱下的米麵壓礦子，食之入口滑溜，米香滿口。秋末冬初，氣溫較低，淘米水易於保存，是做這種礦子的良機，不可錯過。現在家家有冰箱，做這種礦子就不在話下了。

攥湯子　把苞米子或高粱米浸泡數日後，磨成漿液把水擠出後成麵糰，右

▲ 攥湯子

大拇指戴有圓錐形鐵筒，用雙手將麵糰攥住，左、右大拇指向圓錐形鐵筒擠壓成條狀的礤子呈弧線落入沸騰的水中，然後撈出放入碗中與炸醬攪拌，即可入口食之。亦可將撈出的礤條放入涼水浸泡後取出加上炸醬攪拌，食之更是清涼爽口。因為其製作流程以攥為主，故稱「攥湯子」。這種礤條食之略有酸味，故又稱「酸湯子」。

　　大煎餅　柳河縣早期居民多屬「闖關東」落腳在柳河，吃煎餅者居多。農村有些人家長年吃大煎餅，灶台旁邊常年安放煎餅鏊子，現吃現攤。多數人家是集中時間攤煎餅，容易存放，夏天也可存放一個月，農忙之時，回家做點豆

▲ 大煎餅

腐湯，將煎餅放入食之，吃點小鹹菜，吃的是一桌簡單莊稼飯，既可口又省時間。攤煎餅方法多樣，可分淋粑、摟粑、刮粑等多種，亦有三者連續進行，手熟者高。攤得又快又薄又好又圓又有光澤是最佳者。羅通山下的趙素琴所攤的煎餅即能達到這種標準，其所攤的煎餅薄如蟬翼，捲起來不過手指粗，曾有一人吃了她攤的十張煎餅，還說沒吃飽。看來說趙玉琴技藝高超，獨占鰲頭，不為過矣。

小黃米飯　大黃米飯相對好做一些，小黃米飯做好就不容易了。小黃米下小豆最難做，做不好小黃米不爛，小豆還硬呢，成了夾生飯，像生魚脂，吃在嘴裡，咯咯吱吱，難以下嚥。有的做好了，倒可以吃，卻像小黃米粥，不是小黃米乾飯了。羅通山鎮中興村居民以做小黃米飯見長，做出的小黃米飯粘而不膩，清香可口。問其有何妙法，他們卻說做的時間長了，就順手了。有的說中興屯的粘谷長得壯實，薅穀子時，人們特別認真，一棵谷莠子不留，推米時沒有草籽。有的說看米添水，不宜過多，漫過手面即可，不宜多翻動，看來此說還有些道理，但對於農舍用大鍋做飯火候確實難掌握，手熟而已。

▲ 小黃米

▌民間游藝

　　柳河縣兒童聰明伶俐，他們很會遊戲，即使在物質匱乏的年代他們也會想辦法去遊戲，動腦動手即可，花樣翻新，玩得極有興致。

　　皮球　玩皮球分為兩種。其一是拍球，一人一球，誰拍的時間長誰為勝者；其二是打球，將玩者分為兩組，每組得球者傳球，選準對方隊員然後用力打去，被打中多者一組為輸。

　　拍球還講究花樣，高拍、低拍、身前拍、身後拍、抬腿拍、跳拍等，這種拍球具有觀賞性。亦有兩人相距五十米，各自拍球，邊拍邊移動步伐，以先到對方處取勝。

▲ 遊戲「拍皮球」

▲ 遊戲「捉人」

▲ 遊戲「捉迷藏」

捉人　俗稱「捉瞎」，用手絹將一人眼睛蒙上，讓其去捉圍繞他的人，被捉住的人蒙上眼睛再去捉其他人，連續進行，直到盡興為止。

兒童最喜歡捉人遊戲，場地固定，百餘平方米之內，被蒙眼者視力暫時看不見，但他卻能通過分辨腳步聲和衣服的摩擦聲，捉住對方。無經驗者會到處亂抓，那樣會更難抓住對方。狡猾的對手有的還會故意說笑、喊叫，吸引蒙眼者，大家靈巧地躲閃，氣氛歡快、幽默、令人叫絕。

捉迷藏　定點定時，一人躲藏眾人捉，或是分組進行，一組藏，另一組捉，這是在小範圍進行。另一種是在大範圍內進行，或在村內，或在村外。二十世紀四〇至五〇年代捉迷藏更為有趣，具有軍事和歷史特點。這種捉迷藏當時叫作「兵捉匪」，也叫「兵捉鬍子」。一人或幾人當鬍子，多數人當兵。先讓鬍子躲藏，十分鐘後開始抓鬍子，這種遊戲多是在晚上進行。當鬍子的多是身強力壯動作敏捷善於長跑者，他們東躲西藏，專找隱秘僻靜處躲藏，柴垛、穀堆、樹上、橋下，時間長達一至兩小時。因為當

時解放軍和政府經常剿匪，這種遊戲是時代的產物，一九五七年以後就無人玩這種遊戲了。

▲ 遊戲「砸錢墩」

砸錢墩　就是把硬幣堆在一塊磚頭上，用銅錢把硬幣從磚頭上砸下來。銅錢多是乾隆通寶、咸豐通寶、同治通寶等，比現在的一元硬幣要大些，以晚清的光緒通寶居多，也有民國時期的，都是從家裡犄角旮旯堆裡找出來的，當時稱之為「銅造」。一塊光亮質好的銅錢，就是孩子們手上的武器，如果手頭能有幾塊銅錢，那在夥伴中可是威風凜凜了。

找一塊空場地，劃一個直徑兩米左右的圓，當中心放一塊磚頭，離圓圈大約五米至六米遠的地方，畫一根五十釐米至六十釐米與圓平行的線段。場地畫好後，參與者把硬幣集中上交，歸類疊放在磚頭上，然後站在圓圈內，將銅錢拋向線段，按距離遠近排出先後順序。接下來再按順序，將銅錢從直線拋向磚頭上的錢墩，由於距離比較遠，能不能碰到，全憑運氣，如果碰巧運氣好的，那掉到磚頭下的硬幣，就是自己的。

接下來根據第一人的銅錢落地位置，又分兩種情況：一是銅錢如果落在圓圈內，接下來就是站在磚頭旁，手指捏住銅錢至胸前，瞄準磚上硬幣，讓銅錢自由落地，將硬幣砸落地面；二是銅錢如果落在圈外，那麼就以此落點為界用銅錢進行砸錢，這時就涉及到各人的精確度了，有的人眯縫著眼，瞄了半天，可能啥也碰不到，有的人大大咧咧隨手一扔，說不定硬幣就跟著掉下來。兩種情況都是根據開始扔銅錢排出的順序，依次而為，直到磚頭上的錢全部砸掉為止，一局才算結束。

「砸錢墩」考驗的是各人的靈敏度和心態。夏天由於外面太熱，玩這個的人不多，一般在冬春之際風煙四起，特別是星期天，有時一個場子能圍十幾個

▲ 遊戲「扇撇擊」

小孩，硬幣在磚頭上堆得老高，蔚為壯觀。當然，有贏得興高采烈的，便有輸得丟盔棄甲的，不過這並無大礙，過些時候聚在一起又是一群夥伴！

扇撇擊　當時商店出售，有的硬紙片上印有圓形古代人物畫像，多是帝王將相、才子佳人，後期也出現了《西遊記》《封神榜》《隋唐演義》的人物。將撇擊放在地上打翻過來即可歸己。後來，商店不再賣撇擊，玩這種遊戲，地面塵土飛起，不衛生，此種遊戲就逐漸取消了。

彈溜溜　過去叫彈溜溜，也是風靡一時的遊戲，這種遊戲大多數都是男孩子來玩，無論在學校還是在家裡，或是在路邊都能玩，而且還有好多種

▲ 遊戲「彈溜溜」

玩法。例如：在地上畫一個圈，在圈大約兩米處畫一條線作為起始點，幾人或多人每人拿出相等的溜溜放在圈內，每人再拿一個溜溜，這個一般要用大一點的（當時孩子們稱它為二溜溜或大溜溜，因為要用它把圈中的溜溜彈出），依次用後腳跟踩著圈邊，向起始點那條線扔出手中的溜溜，扔完後按距離遠近排序開始。誰能把圈中的溜溜彈出就歸誰，所以離圈越近越有利。如果彈出一個還可以繼續彈直到「失手」為止（就像現在打檯球一樣）。其間也可以藉助別人的溜溜往圈的附近走，前提是必須碰到其他人的溜溜才可以繼續彈。這是當時最常玩的一種方法，也是一次能贏最多的方法。還有一種玩法，在地上挖一個坑，再畫一個起始點，用之前那種方法排出順序，只不過後腳跟踩的是坑邊。然後依次向坑的方向彈，把溜溜彈進坑裡的叫「帶電」，彈到誰，誰就輸一個。沒帶電的不敢碰帶電的。如果都進坑了就都帶電了，和前面一樣被彈到的要拿出一個給對方。還有一種最簡單的玩法。沒有圈、沒有坑、也沒有起始點，只要隨便把手中的溜溜彈出去就算開始，彈到對方的就算贏，有的跑有的追，有的還躲。雖然簡單，可要是不掌握竅門一樣會輸很多。

以上玩法各有特點，第一種方法適合多人玩，因為人越多圈中的溜溜就越多，贏的也越多。而方法二和方法三適合兩到四人玩，人多了比較亂。如今，玻璃球玩法更多，夾玻璃球、滾玻璃球、彈玻璃球、當作跳棋跳玻璃球……小小玻璃球伴著一代又一代人快樂成長！

打瓦　漢族的傳統遊戲。是農村青少年的集體娛樂競技與健身啟智的遊樂活動。動作五花八門，包括站著打、蹲著打、跳起打、轉身打、把瓦片放在腳上打、夾在兩腿中間打、放在頭上打等等。先畫三條直線，第一條線放上兩塊直立的小石板，玩者先後站在第二條線上將雙腳夾緊一塊石片向第一條直線上的石板擊去，擊倒石板者可進入下一程序比賽，勝者在第三條直線上跳擊第一直線的石板，最後站在第三條直線上將立於第一條直線上的對方石板打倒，最先完成各道順序者為勝者。小小打瓦遊戲體現了進攻防守、瞄準打靶、團結互助、爭優取勝，勝樂敗罰的樂趣與精神。

▲ 遊戲「打瓦」

▲ 遊戲「跳格」

　　跳格　也叫「跳飛機」、「跳房子」。在五〇年代至八〇年代相當普遍，有些兒童遊樂場、公園和小學操場等都會有跳飛機的位置，有時就算在一塊空地上，只要有一根粉筆或樹枝，小朋友亦會在地上畫起「跳飛機」的九個格，然後一起玩。左腿彎曲右腿跳行，右腳將沙袋順利踢進各格者為勝。

　　跳格動作較多，通常為單腿跳和雙腿跳，以單腿跳為主，雙腿跳為輔。所用口袋裝有細石子、沙粒、黃豆、穀糠、稻糠，形狀方形、圓形不一。以實用為主，方便為好。

　　跳大腦袋　畫好數個方格後，在方格頂端畫一半弧形即為大腦袋，玩法和跳格類似。

　　騎馬相爭　雙方相距五十米，每方有五人組成。四人舉手搭成板凳狀將一人抬起，在上者以拳出擊對方，打敗對方為勝。

　　跑馬城　雙方相距約十米列隊，手拉手。兩隊人數相等，各有隊長一人。

甲隊喊：句句（吉吉）靈，

乙隊答：跑馬城。

甲隊喊：馬城開，

乙隊答：打發丫頭小子（格格）送信來。

▲ 遊戲「跳大腦袋」

▲ 遊戲「騎馬相爭」

甲隊喊：要哪個？

乙隊答：花花溜溜小矮個。

甲隊喊：小矮個不在家。

乙隊答：要×××。

甲隊×××聽到點名後飛跑向乙
隊衝撞過去，乙隊拉緊手臂竭力阻
擋，如能撞斷乙方隊列，即把乙隊成

▲ 遊戲「跑馬城」

員帶回一個，衝不斷乙隊則為乙方隊員。然後再由乙隊起喊，繼續進行。最後
以隊員人數多者取勝。

　　換人　與跑馬城相近，所唱歌謠：

一個葫蘆兩塊瓢，

東邊出來我瞧瞧……

一唱三歎，很是文雅，樂在其中。

　　翻繩　兩人一組，一人將一棉線兩頭繫好兩手撐起，另一人用手翻線，成
一圖案，兩人交替翻成十幾種圖案，翻多者取勝。

　　最初翻成的圖案多半是比較簡單，漸次複雜。開始的圖案多是平面較多，
如「手巾」「花手絹」「圍脖」之類。後來的圖案由多條線變換各種位置，交
叉扭結，高低錯落，層次變多，形成立體圖案。如「紡錘」「禽鳥」就複雜多

了，翻不好就理不出頭緒來，難倒對方就成定論。

玩嘎拉哈　又叫欻嘎拉哈。嘎拉哈是羊或豬的膝蓋骨，共有四個面，以四個為一副，磨光，染成紅色。其中上下左右四面分別稱作坑兒（勺兒）、背兒（包兒）、針兒、輪兒（鬼兒）幾人一組進行玩耍。玩法有二：一為「抓」，玩者多為年輕婦女或女孩。將嘎拉哈撒於炕上或地上，先抓後欻，變換花樣，以嫻熟取勝。或手執雞毛毽子、石球及內裝石子、穀粒的小布袋上拋，按一定規則抓起炕上若干枚嘎拉哈，復將毽子等接住，以抓、接迅速為勝；二為「擲」或「拋」，玩者多為男孩。將嘎拉哈置於地面或冰面，然後從一定距離外用手中的「碼兒」（石片或嘎拉哈等為之）擊打，擊中者可贏得一至數枚嘎拉哈。

欻石子　將石塊磨成丸子大小數個，幾人一組，可翻、可背、可扔、可抓，形式多樣。兒童製作石子取材多種，多選質地堅硬而細膩者，多選用青石、沉積岩脫落的碎片、建築廢石塊，最好的是長石，長石堅硬耐磨，不掉碎

▲　遊戲「翻繩」

▲ 遊戲「玩嘎拉哈」

▲ 遊戲「歘石子」

渣，磨出的石子表面光滑、顏色潔白、質地純正、並有光澤，女生製作的石子多屬此類。男生多去河邊撿河卵石，於河畔柳下，恣意玩耍，興盡而返，石子隨手扔掉，不再刻意保存。

　　老鷹抓小雞　俗稱「黃鷂吃雞」，又叫「黃鼠狼吃雞」，是一種多人參加的遊戲，在戶外或有一定空間的室內進行。一人扮老鷹，一人扮老母雞，其餘皆為小雞。小雞拉住老母雞的後衣襟，且一個拉一個。老母雞張開雙臂保護小雞，小雞依次緊隨其後。老鷹竄入雞群左追右赴，瞅準機會猛撲過去抓小雞，若抓不過來依舊充任老鷹；若抓住一隻小雞，則被抓者改充任老鷹，原充任老鷹者改扮小雞，遊戲再次開始。這種遊戲，對發展學生靈敏性和協調能力，培養學生團結合作意識有一定的促進作用。

▲ 遊戲「老鷹抓小雞」

　　貼膏藥　一種鍛鍊活動者速度與耐力的趣味體育遊戲，由於其對場地及器材要求不高，而在青少年中極為流行。學生站成雙層圓圈，左右間隔兩臂，前後學生身體靠近。先由兩名學生開始，一人圈內為追人者，另一人站圈內為被追者。被追逐者可利用圓圈上的雙層

▲ 遊戲「貼膏藥」

人牆作障礙，與追逐者周旋，也可沿圈外奔跑。當被追的人即將被摸到或者不想要逃奔時，從外圈鑽入內圈，並以自己背部緊貼任何一組學生的身前，臨時造成三人重疊的一組，此時這組最外層的人應立即代替貼在前面的人成為被追逐者。凡在被追逐者已經組成三人重疊組前未被摸著者，原來的被追者為安全，追逐者必須開始追最外層的另一人（即第三人），使圓圈上的雙層隊伍始終保持雙人。

　　石頭、剪刀、布　兩足併攏為石頭，兩足縱向一前一後為剪刀，兩足橫分為布。由二人角逐，兩足動作戰勝對方者，可按事先約定前進八步，連續進行，最先到達目的地的人為勝方。此遊戲又稱「跑八步」。

　　石頭剪刀布玩法還有兩人面對而坐，以手勢表達，伸出拳頭表示「石頭」；

大拇指、無名指和小指攥緊，食指與中指分開表示「剪刀」；五指張開形成一個平面表示「布」；雙方手勢一致為平局，相反手勢以強者取勝，即處於主導地位；以弱者失敗，即處於從屬地位。剪刀剪布，布包石頭，石頭勝剪刀。這種遊戲似乎有些簡單，但體現了「矛盾無處不在，無時不有」及矛盾轉化等哲學觀點，事物不是一成不變的，而是不斷髮展變化的。

▲ 遊戲「石頭、剪刀、布」

　摔炮　農村有一種灰白色的泥，因為顏色和狼屎相近，所以叫「狼屎泥」，此泥細膩並有拉力。孩子們在土坡上，將泥挖出摻水和好，稀稀的，做成短筒形狀倒過來後，將筒頂稍稍去泥，變成薄薄一層，然後將泥筒端起，一聲令下，大家一同摔下，其響震天。孩子們把這種遊戲叫作「摔炮」。

　玩口袋　也叫「丟沙包」。親手縫製的沙包，是又經濟又環

▲ 遊戲「摔炮」

保的玩具，它不僅能鍛鍊小肌肉，還能訓練手眼的協調及培養敏捷的反應能力，即使是對現代的孩子來說也不失為一種很好的傳統玩具。用碎布及針線縫

▲ 遊戲「玩口袋」

成，用細沙塞滿的沙包是用來作武器「投殺」對方的。在規定場地內前後各一名投手用沙包投擊對方，被擊中者將被罰下場，若被對方接住，則此人可以增加「一條命」，或者讓一個本已「陣亡」的戰友重新上場。沙包玩法多樣，還可兩手向上扔，不停交換，像雜技演員那樣做出各種動作，熟能生巧，變化無窮。

　　泥工製作　孩子們將狼屎泥用水和好後，捏出各種小動物，麻雀、小雞、小狗等，曬乾後，塗上各種顏色，栩栩如生。羅通山通西村南部的溝壑裡有一種紅泥，質地細膩，黏性大，做成各種動物有光澤，乾後不裂。羅通山鎮某村民很有才氣，兒童時聰明伶俐，長於繪畫，畫本村長者，絕類本人。一日將狼屎泥與棉絮攪拌，做成不倒翁百餘個，置放牆台上，栩栩如生，觀者不斷。

▲ 遊戲「秫秸桿」

秫秸桿　星期假日，三五孩子將秫秸桿表皮除掉剩穰，孩子們管它叫「箭桿穰」，將秫秸桿表皮裡面刮淨剪成釘狀，用此連接長短不齊的箭桿穰，做成車馬或其他小動物，擺成長列，觀看比較，評出高低。舊曆臘月廿三，為「送灶日」，家家將灶王爺揭下來連同孩子做成的車馬燒掉，灶王爺升天了，意在「上天言好事，下界保平安」。孩童還唱著「灶王爺，本姓張，騎著馬，挎著槍，上天宮，見玉皇……」的歌謠。現在農村也不種高粱了，這種手工製作已基本銷聲匿跡，為人遺忘。

▲ 遊戲「跳皮筋」

跳皮筋　一種適宜於兒童的民間遊戲，又稱跳橡皮筋，跳橡皮繩。皮筋是用橡膠製成的有彈性的細繩，長三米左右，皮筋被牽直固定

之後，即可來回踏跳。參加者一般三人以上。跳皮筋有挑、勾、踩、跨、擺、碰、繞、掏、壓、踢等十餘種腿部基本動作，同時還可組合跳出若幹個花樣來。跳皮筋是在兩腳交替跑跳中完成各種動作的全身運動，是少年兒童十分喜愛的一項體育活動，由於它具有經濟、簡便、趣味性強等特點，故易於在廣大學生中普及。

吹柳哨　柳條剛出葉尖，柳皮柔軟，用手輕輕擰動，柳皮和柳枝相離，然後將柳條抽掉，就剩下柳皮的圓筒，用剪子將圓筒兩端剪齊，將上端老皮剝掉五毫米，似簧片，含在口中一吹，發出嘟嘟的和諧美妙聲音來，有如天籟，幾個孩子對吹，奏出迎春的交響樂。有的孩子將柳哨剪出五個小孔，就像吹笛子一樣，吹出各種曲調來，隨著春風傳向田間、山野。孩子們在河邊柳林中忽隱忽現，柳哨聲時高時低，饒有情趣。

▲ 遊戲「吹柳哨」

▲ 遊戲「捉螢火蟲」

捉螢火蟲　夏夜漆黑，滿天星斗，流螢嬉戲，四處飛動，一上一下，忽高忽低，明明滅滅，幽光晶瑩，孩子們追逐不已，雖跌跌撞撞也不洩氣。將捉到的螢火蟲放在小瓶內，在暗夜裡跑來跑去，林中草地，碎金飛散，螢光點點，村屯傳出犬吠之聲，是催兒歸去嗎？

拍手　少婦與幼兒對面扯手，做拉鋸動作，一邊說唱：

拉大鋸，

扯大鋸，

姥家門口唱大戲。

接閨女，

喚女婿，

小外甥也要去。

殺綿羊，

宰母雞，

小外甥哭啼啼。

拉來馬，

套上車，

送你快回去。

賣鎖　甲乙兩列兒童相
對，唱歌問答：

賣鎖來，

什麼鎖？

黃鐵鎖。

怎麼開？

鑰匙開。

開不開，

鐵棍打。

打不開，

天上落下門樓來。

幾丈高，

萬丈高。

▲ 遊戲「拍手」

▲ 遊戲「賣鎖」

騎白馬，

帶腰刀。

腰刀長，

殺豬羊。

豬羊血，

給老鱉。

老鱉生個蛋，

變朵黃花我看看。

答錯者輸，罰掉，答對者勝。

甩鞭子　冬閒時，農民把一捆捆麻稈放在屋內，一家人坐在炕沿上扒麻，扒出的麻一是用來打成繩子以備秋收時捆綁糧食袋子或秸稈，二是用來打成細麻繩，用來納鞋底、上鞋。兒童將大人扒過麻稈上的不到一尺長的麻皮積攢起來搓繩做成鞭子，由多股合成，頭粗尾細，綁在不到一米的短棍上，上端拴上紅纓。群童站在高崗上，進行比賽，看誰的鞭子甩得響。大家齊甩，聲音清脆，響如爆竹，山鳴谷應。

▲ 遊戲「甩鞭子」

▲ 遊戲「射箭」

射箭　射箭或箭術、弓術，是藉助弓的彈力將箭射出的一種活動。兒童從山間砍回「二年紅」杏條，截取幹部，用力壓成弓形，以麻繩拴住弓的兩端，成為弓弦。將秫秸頂部細稈截下，一端串上秫秸

▲ 遊戲「打彈弓」

▲ 遊戲「打彈弓」

幹部一段（長 8 釐米），作為箭鏃。比賽，看誰的射程遠。

打彈弓　用鐵絲做彈弓把，拴上兩根皮筋，並用皮帶連接，皮筋拉力越大，彈弓的威力也越大。彈弓把用絨線纏繞，繫上彩穗。將狼屎泥搏圓做成泥蛋曬乾，作為彈射的彈丸。兒童用彈弓打鳥，於樹間、房下打麻雀，別有一番情趣。

▲ 風車

風車　將一節秫秸劈成兩半，取其中一半，中間燒成圓孔，圓孔兩面黏上兩面彩旗，用帶叉的小棍穿過圓孔插入秫秸桿上，兒童稱其為「風車樓」，兒童手擎風車樓在風中迅跑，風車樓旋轉，發出聲

▲ 風車

▲ 遊戲「滑冰車」

▲ 遊戲「滑冰車」

響。人們用秫秸皮編成中間成圓球狀周圍有長翅的風車樓，造型美觀，在風中發出嚶嚶聲響，良多趣味。

滑冰車　早期的冰車是從雪上爬犁演變而來，它更適用於封凍的河面拖拉物品速度更快，時間應該是解放前期甚至更久遠，後來才演變成孩子們的玩具，它是通過一些老的傳統物件及文化演化而來。

分別將兩個長約四十釐米、寬八釐米、厚兩釐米的木板下面嵌上鐵條，二木板平行直立相距三十釐米，在上面釘上木板，即冰車。人站在冰車上，雙手緊握冰扦子，向前支撐滑行，進行比賽，看誰的速度快。在冰面寬廣的水庫上，數十個冰車開始並駕齊驅，速度不斷加快，漸次拉開檔次，奮勇爭先，滑冰車者運動服五彩繽紛，蔚為壯觀，及到終點個個大

▲ 遊戲「打陀螺」

汗淋漓，歡呼雀躍。

　　打陀螺　　二十世紀五〇年代，農村小學打陀螺運動比較普遍。運動器具簡單，便於製造。小學生從家庭的柴垛上即可找到黃楊木，進行簡易加工把外皮剝掉後的黃楊木削成六釐米至七釐米圓柱，上端磨平，下端略成半圓球狀，圓球頂釘入槍砂，這就是陀螺。黃楊木質地細膩、光滑、不裂，可運用多年。做成的陀螺美觀大方，最受兒童喜歡。用楊、柳木做陀螺可就地取材，稍加磨製即可，因木質疏鬆旋轉較慢。將各種形狀的陀螺用手扭動後在冰上旋轉，兒童用鞭子抽打，陀螺疾速旋轉。人似流星飛過去，往返抽打陀螺，陀螺快速旋轉，撲朔迷離，兒童興致無窮。

驚天動地萬古雄 —— 龍崗山區森林號子

　　龍崗山是長白山的一條主要支脈。橫亙東北東部，綿延千里，森林茂密，樹種繁多，紅松、白松、樟子松、落葉松、樺樹、黃菠蘿、水曲柳等，質優量大，森林採伐歷史悠久。早在四千年前的肅慎時期就有人在這裡砍伐樹木作為生產工具，明清時期已有規模採伐並「穿排」的記載。甲午戰爭之後，俄、日帝國主義相繼進入中國龍崗山區，瘋狂掠奪這裡的木材資源。解放後，木材生產成為恢復國民經濟的一項重要產業。改革開放以來，當地林業部門認真落實分類經營的方針，林業走上經濟效益和生態效益同步發展道路。

　　龍崗山森林號子與森林採伐相伴而生，是「木把」（舊時對林業工人的俗稱）們在老林子裡抬木、運木時哼唱的一種歌謠。從前，「木把」伐下的大樹全靠他們抬到爬犁道上由爬犁套運下，再「歸楞」、穿排、外運，這一切行動都要唱著號子來完成。它由抬木頭的「檳子頭」（領頭人，又稱「號子頭」）來「領唱」，其餘人「接唱」（又叫「接號」），便於抬木行走邁步整齊，使木頭悠起來，從而平分壓力，運走木頭。

　　號子其實是人在勞動時自然「呼」出的「氣聲」，是一種原始的歌唱方式。號子頭又叫做檳子頭，也叫「哈拉嗨」，這是因為喊號子的人每時每刻嘴裡都離不開「哈」「啦」「嗨」等字眼。而同時，「嘿喲」「咳呀」「哎咳」「哈啦」這些雙重的語氣詞，正是抬木號子的核心音域，是森林號子的主體語氣助詞。

　　森林號子從文化內容上看，可分三類：一是勞動時的技術指導性內容，如《抬木號子》《串坡號子》《上跳號子》《撈木號子》《歸楞號子》等，主要是指揮抬木者注意安全，順利從事運木；二是勞動生活和場景的描寫，如《樂呵號子》；三是葷號子，即帶些幽默並多對女人進行描寫的內容，它表現林業工人對生活勞累時的一種輕鬆心態的渴求，也有對他們憎恨的人物如偽滿時期對鬼

子、漢奸、監工、二狗子等人物表示輕蔑和咒罵的內容。如《抓小辮》《倚門框》《二狗子老婆》等。

例如《抬木號子》的開頭，多為技術指導性內容：

領：哈腰掛呀麼　　合：嘿

領：撐腰起呀麼　　合：嘿

領：慢慢走呀麼　　合：嘿

領：吆好哈嘿呀　　合：嘿

領：注點意呀　　　合：嘿

領：走起來呀　　　合：嘿

領：快點走呀　　　合：嘿

領：前邊的拐拐　　合：嘿

領：後邊的甩甩　　合：嘿

領：注點意呀　　　合：嘿

領：上跳板哪　　　合：嘿

領：穩住那步呀　　合：嘿

領：挺直那腰板　　合：嘿

領：往前走呀　　　合：嘿

領：注點意呀　　　合：嘿

領：往下撂啊　　　合：嘿

龍崗山區森林號子音樂粗獷、節奏明快、韻律豐富，從前有「七腔九韻」和「九腔九韻」之說，還有「十八拐」（十八甩）之論。特別是，「號子頭」的起號內容使得號子豐富多彩，變化萬千，從開始的「哈腰掛」到「撐腰起」「邁開步」「往前走」，直到他在抬木途中見景生情，見物比物的表達，不但為大家解悶，還有「指揮」上跳（上跳板）時的注意事項。這使號子韻律固定但內容卻千變萬化，充分體現其獨特內涵。由於森林號子始於本土民間勞動生活，發展於茫茫林海中採伐團體，經過一個又一個「槓子頭」不斷加工和一代

代傳承，使得森林號子成為森林採伐團體使用的一種大眾文化，凝聚著獨特的智慧和文化成果。

龍崗山區森林號子的內容包含了東北民族生存的哲理箴言、民間諺語、歇後語、民間故事、笑話和傳說等，真實地記錄了人類開發自然歷程中的生活形態和歷史內涵，是反映龍崗山區人民群眾生活和自然風貌的百科全書。森林號子中的許多精彩部分和段子，今天已經普遍地流傳在當地百姓的生活中，有的更對當地的民歌、小調、二人轉、秧歌帽等，無論從形式上還是藝術上，都產生了深遠的影響。例如，仍在東北民間藝術形式中保存。

領：大煎餅啊　　合：嘿哎喲呀

領：卷大蔥啊　　合：嘿哎喲呀

領：咬上一口　　合：嘿哎喲呀

領：辣烘烘啊　　合：嘿哎喲呀

領：幹活全靠　　合：嘿哎喲呀

領：老山東啊　　合：嘿哎喲呀

這段「號子」不僅把闖關東的山東人生活特點說得活靈活現，也表達了對他們特有優秀品質的讚美，森林號子直接反映著龍崗山人一代又一代「開發自然」的文化歷程，是一種珍貴的原色文化。自從有了森林和採伐，森林號子就沒有停止過，千百年來，一直活在長白山森林裡，是一種充滿了神聖、神祕和神奇色彩的地域文化。

近年來，由於森林採伐量迅速縮減，而且機械

▲「森林號子」這裡還在傳唱

化運用使抬木頭活動越來越少，一個個唱號子的老人也逐漸蒼老和故去，「森林號子」這種珍貴的口頭文化逐漸走向瀕危的境地。但由於少數林場還有一些採伐任務，還有部分「號子王」存活於世，森林號子仍然活態地存在著，一些森林號子在《中國民間歌謠·吉林卷》和吉林省一些地方卷中仍有零散記載，再加上一些具有強烈責任感的學者做過一些收集整理，這些都為搶救和保護這種珍貴的自然生態文化提供了重要條件。

藥物傳說

人蔘眼淚出天麻　在龍崗山脈茂密的森林裡生長著百餘種中草藥植物。尤其是這裡產的天麻，以其品質好藥力強而聞名。自然也流傳著許多關於天麻的故事。

相傳在梨樹溝（今柳河縣大甸子村東 10 千米公里）住著娘倆兒，靠兒子馬良種兩畝薄地和進山挖藥材為生，日子過得還算殷實。這娘倆兒心眼好，常常賙濟窮鄉親，遇到不收山的年頭還常常送一些苞穀賙濟林子裡的小動物們。

這天，馬良進山挖藥材，在老林子裡遇到一個說話好像鳥叫的南方人。「我『麻達山』了（迷路了），一連兩天都沒走出去。求你把我帶出去。我會給你很多錢的。」「至少要兩個時辰，你跟上我。」

兩個人走了不到一個時辰，突然，天空陰得黑沉沉的，不一會兒，就下起了大雨。馬良說：「前面是慶嶺，那有一座破廟，咱倆進去避避。」

兩個人跑進破廟，已經被雨淋得渾身都濕透了。馬良找到一些乾柴，攏了一堆火，連烤衣裳帶取暖。他把隨身帶的乾糧分給那個南方人一些。南方人狼吞虎嚥地吃著吃著，便睡著了。

突然，馬良聽到有女人哭的聲音，是從那人的包袱裡面傳出來的。他覺得很奇怪，急忙打開包袱。裡面有一個樹皮包包，再打開，竟是一支很大的人蔘。突然，人蔘不見了，眼前出現一個被紅色繩子綁著的姑娘。

姑娘對馬良說：「他要把我帶到南方去賣掉。你救救我吧！」

馬良見南方人睡得正香，便問：「他為什麼……」

「貪財唄。」

聽了這話，馬良覺得那南方人不是一個好人，立刻給姑娘解開繩子。哪成想，姑娘「唰」的一下不見了。過了一陣子，南方人睡醒了，發現包袱裡的東西沒了，抽出刀就向馬良撲過去。可轉念一想，自己走不出大森林也會餓死，

便皮笑肉不笑地對馬良說：「沒關係，沒關係。咱們接著走吧。」

半夜時分，他倆走到一座鎮店。馬良告訴南方人可以自己走了。南方人沒有給馬良錢，卻依然笑嘻嘻地說：「好吧，以後我還會進山的，還得請你幫忙。」

馬良回到家已是天光大亮。母親站在門口笑眯眯地對他說：「快進屋看看吧！」

屋裡的情形叫馬良驚呆了。整整齊齊、亮亮堂堂，桌子上擺著香噴噴的飯菜，馬良昨天救的那個姑娘笑盈盈地站在旁邊。

好日子過得快。一轉眼，他們有了兩個孩子。大的是個女兒，小的是個兒子。小姐倆胖乎乎、白嫩嫩，都穿著紅兜兜，煞是喜人。山外來了一哨人馬，當頭的正是那個南方人，說他們是來給山神爺修廟的，為了保護一方百姓平安。馬良母親很高興，說這他們是好人。那個南方人對馬良的小兒子十分好，哄得孩子一天天蹦得老高。

這一天，馬良正在山坡地裡幹活，小兒子氣喘吁吁地跑來，說：「爹，不好了。南方爺爺叫我把一根穿著紅繩的針別在媽媽的衣服上，說是可以讓咱全家都太太平平，永遠歡樂。我照著做了。媽媽立刻渾身不能動了。他們又把姐姐綁起來了。」馬良扔了手中的傢伙就往家中跑去。他奮不顧身地衝上去，拔掉妻子衣服上穿著紅繩的針。妻子跟孩子都不見了。那撥人殺了馬良的媽媽，綁了馬良。南方人恨恨地說：「一刀殺了他？太便宜他了。把他綁在屋子裡的柱子上面，活活燒死他！」

馬良妻子帶著「娘家人」趕回家中，只見一片廢墟，不見了馬良的蹤影，就帶著一雙兒女邊哭邊喊著馬良的名字漫山遍野地尋找。崇山峻嶺中留下她的串串眼淚。

又過了好多年，龍崗山區突然流行起一種怪病。這種病一旦纏身，頭痛得像裂開似的，嚴重的會四肢抽搐，半身癱瘓。人們四處求醫，都不見效。一天晌午，好多人突然感到睏倦。一覺醒來，都說做了一個夢，夢見一位皓首老者

▲ 天麻花

指著山上的密林，說：「馬良妻子哭著走過的地方生長出一種紫紅色的箭草，把它連同根一起熬成藥湯就可以治好這種病。」人們照著做了，很快就制服了病魔。又依照夢中的神醫所囑，把剩下的藥材，藏在背陰處的腐爛樹葉裡，從此，這藥材就一年年地繁衍下來。

人們說這藥材是神醫所賜之物，專治頭暈目眩，麻痺癱瘓，又跟馬良的姓氏諧音，所以就叫做「天麻」了。

山神老把頭的傳說　在龍崗山區，沿襲著過「老把頭節」（也稱「山神節」）的習俗。這裡的老人們常常懷著一種崇敬的心情講述「山神老把頭的傳說」。

傳說山東萊陽有一戶姓孫的人家，老兩口就一個兒子，取名叫孫良。這一年，萊陽一帶遭遇百年不遇的大旱，人們把野外的草根和樹皮都吃光了，村莊裡餓死好多人。鄉親們流離失所投奔他鄉。孫良聽說關東長白山出人參，就和家人商量要去闖關東。爹娘和媳婦聽說關東山高林密、滴水成冰、虎豹成群，死活也不答應。可是孫良是個有志氣的人，說幹啥就一定要辦成。家人沒有辦法，給孫良湊了幾個盤纏錢，便送他上路了。

孫良吃盡千辛萬苦，終於來到長白山。深山老林裡數不盡的獐狍野鹿，奇花異草，把個孫良樂得找根棍子一拄就放起山來。他一個人「放山」，這叫

「單搓」，一連找了幾天也沒「開眼」。這天他正在林子裡走，突然看見前邊也有個放山的。深山裡人煙稀少，人見了人格外親。一打聽，這人也是山東萊陽人，叫張祿。經過交談兩人還挺投緣，於是就摟土為爐插草為香，結拜為生死弟兄。孫良比張祿大兩歲，孫良為兄張祿為弟。別看張祿年齡沒孫良大，可他放山的年頭多，很有經驗。他就教孫良認識什麼是幾品葉，什麼是「刺官棒」，還給孫良講人蔘娃娃和人蔘精變大姑娘的故事，還有許許多多善有善報、惡有惡報的傳說，在孫良的心裡打下了深深的烙印。

這一天，孫良和張祿分頭出去遛趟子（放蔘的路線），約好三天後回來見。孫良出了餃子（放山人住的地窖子）走了一頭晌兒，在一個向陽坡上發現了一大片人蔘。他樂壞了，一口氣兒挖了好幾棵，又在那兒的樹上刻了「兆頭」（記號），就捧著人蔘回到窩棚裡去等兄弟張祿。可是一連等了三天張祿也沒回來，孫良擔心兄弟出意外，就出了餃子去找人。

茫茫林海，孫良走啊走，找遍了大山各處；他找啊找，找遍了山谷溝岔也不見兄弟的蹤影。就這樣，孫良一直找了六六三十六天，連餓帶累，就昏倒在一塊很大的臥牛石頭旁。他醒來後，咬破手指在大石頭上這樣寫到：

家住萊陽本姓孫，
翻山過海來挖蔘。
挖蔘入了蛄河口，
「麻達」山路進老林。
路上丟了好兄弟，
找不到兄弟不甘心。
日後有人來找我，
順著蛄河往上尋。

他寫完了，依著臥牛石歇了一會兒，又接著往河的上游爬。為啥？他惦記

著他的兄弟，死不瞑目啊！其實，他的兄弟張祿也走「麻達山」（迷路）死在了山裡邊。孫良爬了好久，爬到了一棵一抱粗的古柳樹下，實在爬不動了。便仰面朝天地躺在樹底下，慢慢地閉上了眼睛。這時候，天也漸漸黑了下來。說也奇怪，這一夜颳風，把林子刮得嗚嗚直響就像人們在哭泣一樣。第二天，就見柳樹下面孫良躺的那塊地上，隆起了一個墳包，原來，孫良的屍首被旋風給土葬了。

打那以後，孫良的故事在關裡關外傳了起來，長白山放山的人，誰走到這裡，誰都跪倒墳前，向孫良叩頭禱告，求他保佑進山「快當」，挖到大山貨。因為孫良是頭一個進山挖蔘的，後來人都稱他「老把頭」。

說話間不知過了多少年，小罕子被明朝的遼陽總兵趕進了長白山，結果迷了路，眼看也餓得不行了，正在迷迷糊糊的時候，突然眼前一亮，來了一個白鬍子老頭，對他說：「小夥子，前面的山包下邊，住著八戶人家，你到那裡和他們一起過日子去吧。離那八戶人家的右邊百步開外，還有一大片棒槌，你們挖出來賣了，置辦你們所需要的東西，將來你是會得好的。」說完，又從懷裡掏出一個黃橙橙的窩窩頭給了小罕子。小罕子急忙去接，手燙了一下，醒來才知做了個夢，睜眼一瞅，面前雖沒有白鬍子老頭，手裡卻真的拿個熱騰騰黃橙橙的窩窩頭，他便大口大口地吃了起來。吃完了身上添了力氣，按照白鬍子老

▲ 祭拜山神爺

頭的指點，果真在前面山包下找到了八戶人家，又在右邊百步開外找到了那片頂著紅鄒頭的大山蔘。於是，小罕子就和那八戶人家把蔘挖了出來。這一片大山貨，真就賣了老鼻子銀錢了。他們有了錢，就在這一帶招兵買馬，囤糧聚草，一步步地打出了江山。

罕王登基坐殿之後，說孫良指路有功，封他為山神，掌管著龍崗山。

從此，孫良就成了受封的山神爺老把頭。直到現在，「木把」（當地伐木工人的自稱）和「山利落」（放山和從事其他山林營生的人）還都尊崇孫良為祖師爺。每年農曆三月十六是老把頭的生日，挖蔘人、採山的、獵人、木幫都要放假，殺豬宰羊為山神爺過生日。山裡的人無論幹活兒還是爬山走路，再累也不坐樹墩，因為那是山神爺的板凳，是祖師爺的位置。

地名由來及傳說

　　柳河地域古屬肅慎居住地，明清時女真族集聚此地，故地名多為滿語或與滿族生活有關，至今還有許多地方還保留滿族名稱。

　　聖水河子屯　始建於一八七四年。滿語地名，滿語「聖塞尼馬哈」是冷水魚。這種魚多的地方貂、獺多。

　　大青溝屯　大青溝屯，位於五道溝鎮西南四千米處。始建於一八七六年。滿語地名，指此地溝大、水淺。

　　亨通山屯　始建於一八八〇年。滿語地名「浩特洪」，義為滾水，形成雲頭浪。

　　五風樓屯　位於向陽鎮南。始建於一九〇二年。據傳，清初老罕王（努爾哈赤）放山路過這裡，在屯西道北大楊樹下歇息，感到和風拂面，清爽神怡，脫口而出：「此地似五風樓。」因此得名。

　　聖觀台屯　位於向陽鎮後亮子東北一千米處。始建於一九〇二年。為滿語地名，「聖觀」滿語文字音「沙空」，表示地形開闊。「台」為漢語，即為開闊地。

　　半甸子屯　始建於一九二五年。因屯坐落在大甸子中間，原名叫半斤甸子，早期住三百一十五戶人家，曾因在甸邊挖取一隻山蔘，有八兩重，舊制一市斤合十六兩，因而叫半斤甸子，後來叫白了，就稱半截甸子，簡稱半甸子。

　　土門子屯　位於大通溝鄉駐地大通溝南一點八千米處。始建於一九二九年。「土門」為滿語，直譯為「萬」，多的意思，「子」為漢語，即丘陵多。

　　鹿林屯　位於時家店鄉駐地時家店東七千米處。始建於一九三〇年。「鹿林」為滿語「勞耶楞」，即為魚多的地方。

　　集賢屯　位於五道溝鎮西北四千米處。始建於一九三一年。「集賢」，滿文字音「吉西」，是帶毛的狍皮或鹿皮，多是獵人穿的毛鹿皮。延伸義為獵人

住處。

八里哨屯　始建於一九三二年。係滿語地名。「八里」滿語音「勃地利」，指色樹，「哨」滿語義為水沖，指河岸生長著色樹。

唐太嶺屯　位於鎮駐地孤山子南十一千米處。始建於一九三三年。「唐太嶺」，滿語「塔特拉」，是指獵人住家的地方。

色樹背屯　位於孤山子鎮二道梁村偏西南一千米處。始建於一九三三年。色樹為漢語，背是滿語，河的意思，即色樹河。

半拉背屯　始建於一九三五年。「半拉背」為滿語即刺毛子河。

鹼廠屯　始建於一九三五年。「鹼廠」係滿語即小溝或為雀鷹。

大力溝屯　始建於一九三五年。屯名「大力」為滿語「達嶺」，即堤壩。「溝」為漢語，在這山溝裡灌木叢生，遠視如堤壩。

三人班屯　始建於一九三六年。「三人班」係滿語，「三人」為好的意思，「班」為地方。「三人班」即為好地方。

水背屯　始建於一九三六年。滿語地名。「水」係滿語「雙陽」，「背」為河，河裡沙石為黃色，稱黃色的河。

窩集溝屯　始建於一九三六年。三國時代，魏封公孫淵為遼東太守時，此地有一勿吉國，翌後勿吉國外遷，字隨音轉。

鬧枝溝屯　位於鄉駐地八里哨西三點五千米處。始建於一九三八年。係滿語地名。滿語口語「鬧枝」是拳頭，在這裡形容溝小（係與大溝相比較而言）。

夾皮溝屯　位於村駐地柳樹河子東北二點五千米處。始建於一九三九年。「夾皮」為滿語即雀鷹子，屯所處的溝裡，昔日有這種鳥，故名。

晉福屯　位於二道溝鄉駐地劉家街五千米處，始建於一九四二年。」「晉福」為滿語「吉夫」，即「楸樹」。

二人班屯　位於全勝鄉駐地大肚子稍東南三千米處，始建於一九二六年。「二人班」為滿語，「二人」為拐彎之意，「班」為地方，即「二人班」為拐彎的地方。

安仁屯　李安仁（1924 年 - 1947 年），一九二四年九月，李安仁出生在山東省安丘縣岐山鄉小陸戈莊的一個農民家庭。一九四三年十一月，參加八路軍。一九四五年三月，在攻打蒙陰縣城時，李安仁先後兩次抱炸藥衝上前沿，炸掉日偽軍炮樓，被評為一等戰鬥模範。同年九月，攻打津浦路大汶口車站時，李安仁勇猛衝殺，一連刺死十五名敵人，戰鬥結束後被譽為「孤膽英雄」。日本投降後，隨軍進入東北，被編入東北民主聯軍第三縱隊七師十九團一營一連，任二排排長。

一九四六年四月，在本溪奪取砬子山戰鬥中，他帶隊擔任主攻，僅用五分鐘就衝上山頭，奪取敵軍陣地，同時佔領另一個山頭，為大部隊進攻掃平道路，致使敵人最精銳部隊二十五師迅速被擊潰。五月，在保衛四平戰役中，李安仁所在二排擔任主攻大台山，他親自帶領四班從東側上山，至半山腰被敵軍發現，輕重機槍從山上猛射下來。他指揮機槍、小炮向敵人猛烈射擊，將敵人火力吸引到東側來。李安仁見敵人中計，立即命令五、六班以最快速度從南、北兩翼發起衝鋒，並迅速佔領山上制高點。在我軍山上山下夾攻下，敵軍被迅速消滅，奪取大台山陣地。李安仁被遼東軍區三縱隊授予「全縱隊戰鬥旗幟」稱號，榮獲英雄獎章一枚。

一九四六年十月，在大梨樹河狙擊敵人時，李安仁帶領四班和六班同敵人展開肉搏戰，敵軍傷亡眾多，立即撤退。在李安仁的帶領下二排戰士連續向敵團指揮所發起猛攻，與敵軍展開四次肉搏戰，打亂敵人指揮所，牽制住敵軍，保證主力部隊迅速殲滅該敵。李安仁在此次肉搏戰中，打死打傷敵人二十餘名，繳獲大量槍枝彈藥，遼東軍區授予他「一級戰鬥英雄」光榮稱號。

一九四七年二月二十二日，在第三次保衛臨江戰役的柳河縣德興屯、大北岔戰鬥中，李安仁帶隊請戰，要求承擔最艱巨的任務。他身先士卒，帶頭衝鋒，最先搶佔了九一五高地，然後又向山下的敵人發起攻擊，在衝鋒中不幸中彈，身負重傷，在抬往後方醫院途中行至大牛溝時，停止了呼吸，光榮犧牲，時年二十三歲。

為紀念李安仁為祖國和人民建立的不朽功勳，師司令部、政治部決定將其所在的二排命名為「安仁排」。柳河縣民主政府決定將大北岔北山改名為「安仁山」，犧牲所在地大牛溝屯改名為「安仁屯」（今安仁村）。一九四七年三月十五日，部隊在三源浦鎮為李安仁舉行了隆重的追悼大會，英雄的遺骨安葬在臨江革命烈士陵園。

八寶樓　柳河縣羅通山南端的禿老婆頂子下面，有一座朝陽宮，俗稱上廟，又名「八寶樓」。光緒年間修繕朝陽宮時，樹立的石碑上鐫刻著：「前有八寶清溪足以滌慮，後依婆山洞口時見雲橫。真乃塵飛不到之域，實為仙人怡性之所。」人們為何稱這裡為「八寶樓」和「八寶溪」呢？原來有一段動人傳說。

從前在羅通山下有一個姓白的放山「老把頭」。因為他吃苦耐勞，不懼蚊蟲叮咬，有一股百折不回的拗勁。再加上身體結實，登山爬坡如走平地，因此人送綽號「白柤子」，形容他像擰著勁長的古樹一樣，堅韌不拔，老當益壯。

有一年「紅鄉頭市」來到時，老白頭領著十幾個人又開始放山。來到羅通山水洞上面的一個乾洞住下後，首先用石頭砌了個「山神廟」。擺好供品焚上香，然後齊刷刷跪倒在地，一同磕了仨頭，求山神爺保佑挖著「大山貨」。

接著老白頭認真地看了看山勢情況，端量端量樹木兆頭，就領人直奔簸箕掌子而去。到地方後，一人砍了一根黃波欏樹桿做「索撥棍」。然後每人五尺寬的距離，橫著一溜排開，像拉大網似的扒拉草棵子開始尋蔘。

一連找了三天，誰也沒開眼。人們有些洩氣，說開了風涼話：「十幾號人，找了三天，連個參毛也沒看見。再轉磨下去，也是竹籃打水一場空。」老白頭勸大夥說：「放山得有好耐性，可不能找不到參就灰心喪氣。憑我放山的老經驗，這地方準有大山貨。我是鐵了心啦，非在這找下去。你們有怕白費勁的，就挪個地方吧！」聽老白頭這麼一說，有一半人表示留下繼續尋覓，另一半人則捲起鋪蓋到別處去了。

又找了三天，還是一無所獲。這回大夥全都失去了信心，紛紛對老白頭

說：「就這麼個山望兜，差不多都踩成道了，草棵子都踢踏平啦！哪還能藏住人蔘。要找你自己找吧，我們怕老婆孩子喝西北風，不在此陪這份橛啦！」老白頭的拗勁又上來了，他說：「你們執意要走，我也不再強留。我是非在這繼續尋覓，不找著老山蔘誓不下山！」最後只留下一個老王頭幫他看山洞、做飯，其餘的人都離此而去了。

老白頭一連戳了三天單棍，恨不得一棵草不落地挨著撥拉，仍舊是不見蔘影兒。第十天頭上，他起了個大早，天濛濛亮就上山了。偏趕這天早晨放大霧，四周白茫茫的一片，哪也看不出去。他只好找塊石頭，依棵大樹坐下來，等著霧散。忽然有輕輕的說話聲傳來，他感到很奇怪。這深山老林，一大清早哪來的人呢？側耳細聽，聲音是來自對面高山中間的一個平台上。只聽一個說：「咱倆躲過初一，躲不過十五，這『白杻子』拗勁上來了，十頭老牛拉不回頭，不把咱弄到手是不肯罷休！」另一個說：「沒事，別看他老在這兒轉悠，怎麼也找不到平台上來。」「怎麼找不到這頂上，他在下面轉悠十來天了，慢慢還不爬到這上面來尋覓。咱們趁今天放大霧，快逃走吧！」「那你說咱們往哪裡逃呢？」「往廟前紅毛公草排子裡 。」「好吧，那就聽你的。」接著傳來像風颳草葉似的「唰唰」幾聲響，就又恢復了一片沉靜。

濃霧消散後，老白頭爬到對面高山的平台上，只見黑油油的暄土中，光剩下兩個棒槌 子。他一拍大腿說：「完嘍，到底讓他們溜走了！」回到山洞，他對老王頭說：「這裡不行了，咱們也得挪地方啦！」老王頭反問道：「你不是說這裡有大山貨，不找著不挪窩兒嗎？」「可不真有咋的，就在前面明硫子的平台上藏著兩苗大山貨。」「那你咋不挖回來呢？」「挖啥呀，它倆剛才趁大霧逃走啦！」「它們跑哪去了」「聽他倆核計說去廟前紅毛公草排子。你知道這附近哪裡有廟？」「禿老婆頂子下面有座朝陽宮，大夥都管那兒叫上廟。」老白頭一聽，高興得叫起來：「好哇，那咱倆就趕緊往那撞！」到了朝陽宮，他們跟老道商量妥了，在廟上借宿。這回不用看住處了，兩人就一同上山找蔘去。朝陽宮前面有一條深澗，一道小溪在澗底流淌。南岸就是滿坡的紅毛公

草。他們挨排撥拉，仔細尋找。第三天紅日銜山時，老白頭來到林子邊上一個大紅毛公草墩子旁，用索撥棍一扒拉，眼前突然一亮，拳頭大一個棒槌朵子映入眼簾。他高喊一聲「棒槌！」老王頭離他有十來步遠，一聽喊山，趕緊問道：「什麼貨？」「六品葉！」「快當，快當！」喊完他急忙跑到跟前，一看這苗大山蔘，秸子足有三尺多高，大拇指粗，上面頂著拳頭大的紅鐓頭，紅得耀眼鮮明。老白頭趕緊放下背兜，拿出快當斧子，砍了兩根帶叉的木棍插到地上，叉上又架了一根橫梁，接著拿出兩枚「開元通寶」銅錢，拴在紅絲絨繩的兩頭。再用這紅絲絨繩，將蔘秸子纏繞在橫梁上。這時天色暗下來了，他就對老王頭說：「今天黑燈瞎火，這苗蔘是挖不出來了。為了防備它再逃遁了，你回去把鋪蓋、鍋碗、糧米都取來，咱在這搭個窩棚，就吃住在這裡，晚間輪流看著它，白天就開挖。

　　第二天閃開土皮子一看，這苗蔘可真大得出品了！光「蘆頭」就有半尺多長，上面的瘢痕密密麻麻，少說蔘齡也在百年以上。再看那身條胖乎乎的，足有小孩胳膊粗。長得緊皮、細紋，下面兩條「大腿」，上面兩隻「胳臂」，長得都很勻稱。蔘鬚又長又密，上面長滿了高粱粒大的珍珠疙瘩。老白頭放了一輩子山，可是頭一回得著這麼大的老山蔘。可就有一樣撓頭的事，那蔘鬚干和紅毛公草根糾纏在一起，他只好用鹿骨扦子一根一根地撥，用快當刀子一點一點地挖，把剔出的草根用快當剪子一條一條剪斷，真比姑娘們繡花、描雲子卷還細心。就這樣足足用了三天時間，才把這苗大山蔘清理出來。完了他們就插草為香，撮土當供，恭恭敬敬地磕了三個響頭，感謝山神爺、老把頭保佑。又在不遠的一棵大柞樹上，用快當斧子削去一截樹皮，砍了六道豁口，算是挖著一苗「六品葉」的兆頭，好等以後按著標記，找人蔘掩子，再挖山蔘。一切做停當後，老白頭掰著手指頭算開了，在簸箕掌子尋覓了三三見九天。到了上廟紅毛公草排子連找帶挖二三得六天，前後相加九六一十五天。「果真是在劫難逃哇！到底是躲過初一沒躲過十五。」老白頭樂呵呵地說：「行了，我這十五天功夫到底沒白搭。知足者常樂，挖著這一苗大山貨也就夠過了，那一苗也不

找啦！」說完剝了塊椴樹皮，找了些青苔，抽幾根葛條，小心翼翼地打了個蔘包，第二天他倆就帶著下了營口。

到了營口「廣聚成」山貨莊，老闆打開蔘包一看，這苗老山蔘真是大得出奇，就眉開眼笑地恭維道：「老把頭吉星高照，得了這苗大山貨，該著你們發財了！」接著又是敬煙，又是倒茶，熱情款待一番。寒暄過後，老闆拿出戥子、鑷子，一手輕輕地捏著「水管」（蘆頭上保留的一小段蔘秸），一手慢慢地用鑷子夾著蔘鬚，翻來覆去地驗看一番。果然是老放山的經驗豐富，手法嫻熟，挖出的山蔘全肢全鬚，沒有一點殘斷處。老闆一邊讚不絕口，一邊直伸大拇手指頭。然後小心地擷斷「水管」，放在鋪著「粉簾紙」的戥子盤裡，一稱足足八兩重。老闆驚喜地說：「七兩為蔘，八兩為寶。這是我們山貨莊破天荒收到的一苗大山貨。好貨給你好價錢，一共給你八個大金元寶！」倆老頭一商量，給的也是價錢了，就接過八個大元寶，包裹好了，樂顛顛地歸去。

從此以後，每當人們來到上廟，看到那山窩棚，都羨慕地讚歎著：「可別小看這茅草棚，老白頭就住在那裡，挖到一苗八兩重的老山蔘，賣了八個大元寶。小小茅棚不起眼，但卻稱得上是「八寶樓」哇！後來那小茅棚就被稱作「八寶樓」。年深歲久，茅棚倒塌，八寶樓的名字就和上廟混為一談了。

水簾洞　在羅通山護城牆的大石砬子當間，有一個磨盤粗細的洞口。多少年來，裡頭一直咕咚咕咚地往外噴泉水。那涼瓦瓦的清泉水在洞口噴出一朵朵大花後，就順著碎石頭溝，彎彎曲曲地淌到山下的田野裡，人們又把泉水變成了各家各戶的吃水。每當大夥瞅見綠油油的稻苗，喝著山泉水的時候，都要從心底裡想起那段相傳很久的故事來。

距現在很遠的唐朝末年，山下的聖水堡子，冷不丁水井幹了碗，河水斷了流，莊戶人有的上廟求仙，有的四處找水。也怪，屯領「宋麻稈」家房後的那個小泉眼水照樣流。這泉水是他硬霸來的。這個晌午頭，日頭像盆火，烤得人喘不過氣來，渾身直淌汗，有的人乾脆躺在地下喊水。「宋麻稈」把大夥吆喝到宋家大院裡，咧著嘴嘿嘿笑，還不斷轉動圓溜溜的眼珠說：「父老兄妹們，

我宋善仁和大夥同住一地，眼下鬼鬧災斷了水，我不能眼瞅著大夥渴死，我要給你們發水！不過，我家底子薄，每人得先幫我兩擔黃穀。」說完，狗腿子點頭哈腰地打開了賬本，像狼嗥一樣伸著脖子挨戶點名上冊。老百姓想哭沒有淚，都跪在地上磕頭求饒。當狗腿子喊到劉大春和柳水蓮的時候，人堆裡沒有動靜。「宋麻稈」捅了一下狗腿子，狗腿子麻溜地走到大春的爹爹跟前：「老劉頭，大春和水蓮哪兒去了？」老實巴腳的劉老漢哆哆嗦嗦地低著頭說：「老爺，聽說他倆上南山了。」「宋麻稈」眼珠一轉，沖狗腿子和一幫夥計大喊：「上山！」

　　是不假，劉大春和柳水蓮兩口子正在山上，叮叮噹噹地鑿洞呢。要把他們在山上打柴時候看見的一個暗泉引出來。劉大春胳膊粗力氣大，不肯讓水蓮把子，他一個人連把　子帶掄錘，一下一下地朝淌水的小石縫邊鑿下去。只見他虎口磨得滴滴答答淌血，也捨不得歇息一會。水蓮瞅著大春的下巴上像淌水

▲ 水簾洞

似的流著汗，就抱著大春的腿哭了起來：「大春你歇會吧！」見水蓮傷心的樣兒，大春住手了。他瞅著磨盤形的石洞和洞當腰那股冒出來的山泉水，樂得擦著水蓮腦袋上的汗說：「好，歇會吧！」他仰臉問水蓮，「水蓮，別傷心，等孩子生……」「別說了春哥，俺不哭。」說著把臉貼在大春熱乎乎的臉上，甜滋滋地閉上了眼睛。兩天兩夜了，水蓮把　大春掄錘，沒歇一會兒。他倆的心裡裝著山下的窮鄉親啊！下了恆心，非鑿透這個洞不可！這不，水蓮看大春呼嚕呼嚕地睡過去了，她把大春的頭輕輕放下，自個兒跪在鑿開的石縫邊上，又叮叮噹噹地鑿了起來。這工夫，突然從洞口旁大青石後面竄出一幫人，為首的正是「宋麻稈」。他猛地撲上去，死死地抓住水蓮，兩個家奴也狠狠地卡住了水蓮的脖子。大春睡得正香，他哪裡知道這些呀！就在這時候，鑿得薄薄的石洞裡，咕咚一下開了，一股水柱嘩地一下噴了出來，沖走了「宋麻稈」和家奴，也沖走了柳水蓮。當大春被噴泉聲震醒的時候，只見洞口的水噴得像磨盤那樣圓，一直噴到大林子裡，水蓮咋不見了？他急忙站在石板上拚命地喊著：「水蓮，水蓮！」他的喊聲被噴泉聲吞沒了。這水淌下山去，救活了聖水堡子的鄉親們。大夥為了懷念水蓮，就給這個噴泉取名叫水蓮洞。叫來叫去，就成了「水簾洞」。

　　影壁砬子　影壁砬子，又名影壁崖，形狀奇特，巧奪天工。傳說此山，乃是天外飛來之物，有道是為懲戒貪心道士，保護遭難人蔘，方突然降臨此地，奇山自有奇事，不容人不信。

　　此事絕早，昔日羅通山古木森森，荒草漫漫，野獸出沒，人跡罕至。人們風聞此地有多年老人蔘，實是日精月華，蓋世珍品。每年秋後，放山挖蔘者接踵而至。水洞上方有一小乾洞，道士張松棲身其中修身養性。洞前有一石徑斜通山上，往來挖蔘者常至洞中小憩。

　　一日，一放山後生至洞，問張道士：「請問道長，居此多年，見未見過大山蔘？」

　　張松不屑一顧笑道：「吾本看破紅塵，不慕榮利，清淨無為，超然物外，

▲ 影壁崖

何顧山寶。」

「此言差矣，若得此大山蔘，必定價值連城，食之延年益壽，長生不老哇！」

張松表面不以為然，內心卻一再尋思：「若得此蔘，強過為餬口之需，手托缽盂去百家門結緣化齋。要有造化，真得此參，食之早成正果，也免白髮緇衣，青燈黃卷，苦煉苦修了。張松一宿無眠，天將曉便奔往簸箕掌子，到時殘月懸天，須臾霧氣漫山，一不小心跌到溝底，遍體鱗傷，勉強歸洞，休息十余天。

身愈又去尋蔘，半日未見蔘影。正在垂頭喪氣之時，忽見草叢中有紅點閃動，以為是蔘朵子，加快腳步趕到，他用枴杖一撥草，嚇得半死，原是紅冠毒蛇，急忙逃跑。心跳剛緩，又見草叢露紅，仔細一瞧，確是人蔘。他大呼一聲：「棒槌！」蹦到參前。往左右一看，接二連三地又發現了十幾苗人蔘。張松喜出望外，立即回去取工具，還急忙在人蔘旁的一棵椵樹上掛一紅綢條做標記。

夕陽西下，張松趕到簸箕掌子，猛一抬頭，一堵石壁屹立面前，斷崖阻路，插翅難飛。心中暗想，莫不是誤入歧途？可是懸掛紅綢之樹就在眼前，無計可施，頹然僵臥。他抬頭向石壁頂端望去，只見上面赫然寫著四行大字：

道人張松苦修行，晨鐘暮鼓誦黃經。

而今忽起貪財意，昔日功德一場空。

張松恍然大悟，自作自受。深溝跌跤，草叢蛇跡，飛來石壁，天降偈語，正果難成，只好還俗。

張松走後，小乾洞就空了起來。可是挖蔘人常從此路過，可是只聽棒槌鳥叫聲悅耳，卻見不到人蔘影子。都說：「此壁真奇了，既擋住人們去路，又掩蓋了人蔘的形跡，真是一道影壁呀！」此後，「影壁砬子」的名字就叫開了。

蜂王洞　柳河境內的羅通山樹木成林，古洞多泉水清，可幽靜哩！

山上有一個洞，叫蜂王洞。傳說很久很久以前，這蜂王洞裡住著一個叫蜂王的老道。這老道甚是能耐，有個半仙之體。人們經常看到他光腳下山化緣，

每次到了誰家都往大門東側一站，你把米或飯送出來，他就向你打揖叩首，然後離去。冬天他也不穿鞋，光著腳踩著雪，發出嘎吱嘎吱的響聲。

蜂王住的洞冬暖夏涼，裡面有石桌石凳和一張石頭床，連燒香用的供具和燭台都是石頭的。蜂王的心可誠了，一個人整天在洞裡修行。蜂王到底多大歲數誰也不知道。年復一年，月復一月，蜂王五冬六夏地鋪禪打坐，修到每天只生吃幾粒小米就不餓的程度。

蜂王苦苦修行的事被玉皇大帝知道了，他很感動，就命南海觀音來渡他，希望他經受住考驗，然後好立地成仙，聽候上天差遣，超脫凡塵，升上極樂世界。

南海觀音奉了御旨，腳踏蓮花手捧玉淨瓶、楊柳枝，駕起祥雲來到羅通山上。來的那天，紅光滿天，雲彩都放出金光。

▲ 蜂王洞

南海觀音三渡蜂王。頭一遭，觀音將楊柳枝蘸一下玉淨瓶裡的水，然後指一下山南坡的水簾洞，那洞中的飛瀑馬上飛向山北坡的蜂王洞，形成半天水虹，日頭一照，五光十色好看極了。那蜂王正閉目闔眼地誦經，耳聞濤聲怒吼，急忙睜眼一看，哎呀不好，大水直上直下有一丈多高，陰森可怕極了！他趕忙大叫一聲，跑出洞外。再一看，哪兒來的水呀？洞裡洞外連一滴水都沒有，他又回去誦經。

　　不久，他又聽到畢畢剝剝的響聲，睜眼一看，又不好啦，濃煙烈火撲面燒來，再不趕緊跑，非燒死不可。到了洞外一看洞裡洞外連一點火星都沒有，於是只好又回來誦經。

　　又沒隔多久，他彷彿聽到一個嬌聲嬌氣的聲音在輕輕叫他，那聲音真好聽啊。起先他尋思，深山古洞哪來的女人？不理她，別讓她衝亂了我的經文，影響我修成正果。於是他繼續盤坐誦經。哪成想，那女人越湊越近乎，手推著他的肩頭連聲叫著：「蜂王、蜂王！你睜開眼看著，你睜開眼看著我嘛！」一連叫了一二十遍。蜂王忍不住了，心想：哪家女施主在此搗亂，叫得心慌意亂的。於是眯縫眼睛一瞧，立時眼瞪得溜圓。不看則罷，一看那女子，長得太好看啦，簡直就是天仙下凡，粉裡透紅的臉蛋，一笑兩個酒窩兒，一對大眼睛葡萄一樣水靈。戴一頭珍珠瑪瑙，閃出的奇光異彩美麗極了。蜂王剛想要問，不料那女人哼了一聲，一甩拂塵，把峰王甩了個屁股墩，然後化一道金光不見了。

　　蜂王明白了，這是上蒼考驗他啊！他長嘆一聲後自言自語：「光苦苦修行還不行啊，還得動心勁兒，才不被障眼法所迷惑。」說完，仍是光著腳，頭也不回地走了。

　　自從他離開此洞之後，誰再也沒進去過。以後，倒是成群成群的山蜂占據了它，使它成了名符其實的「蜂王洞」了。

　　鎖龍潭　羅通山南端海拔九百餘米的山巔盆地中，有一個群峰環拱、古樹圍繞的幽靜深潭。這個深潭有四周環繞的石灰岩山體中的岩基裂隙水，以及潺

湲湧流的泉眼水不斷補充，所以水源充沛，四時常續，酷旱不竭，久雨不溢。傳說有神龍被禁鎖其中，因而被稱為「鎖龍潭」。這個鎖龍潭和古城西南數百米處的虎頭峰遙遙相對，給羅通山平添了數般風采和十分氣勢。也為羅通山贏得了「龍蟠虎踞，鍾靈毓秀」的美譽。

相傳很早以前，羅通山下的三統河河道狹窄，水流堵塞，每遇陰雨連綿，洪水暴漲上岸，氾濫成災，為害百姓。天遣神龍疏濬河道，但因河岸岩崖高聳，水底磐石堅硬，只拱得角斷爪折，遍體鱗傷，腰軟筋酥，精疲力盡。神龍想逃脫驅使，不再受拘束，就想騰雲駕霧，逃之夭夭。不料卻被天將抓獲，囚鎖於鎖龍潭中。這正是：羅通山巔鎖龍潭，神龍蟠鎖不計年。有朝一日風雲會，頓斷金鎖上九天！

羅通山下周圍村屯的老年人，大多能繪聲繪色講述鎖龍潭的故事。他們年輕時，鎖龍潭水清澈幽深，神奇莫測。一根大石椿深埋在龍潭東南角，一條粗

▲ 鎖龍譚

鐵鏈深深垂入潭底。有些好奇的人，想探個究竟。就拽住鐵鏈上端，儘力往上拉扯。拽到潭邊的鐵鏈堆成偌大一堆，有好幾十丈長。到後來越拽越費力，越扯越沉重，最後潭底翻花，潭水揚波，人們以為神龍發怒，嚇得紛紛撒手，急忙逃走。而鐵鏈則　嘟嘟地沉入潭底，鎖龍潭又恢復了石樁矗立，鐵鏈深垂的原貌。但從此後，人們都互相告誡，再也沒人冒險拉扯鐵鏈了。

　　鎖龍潭除了流傳著動人的神話傳說，還有很大的實用價值。早在一七〇〇年前，鎖龍潭盆地四周的山脊上，就修建了周長十六華里的石砌山城。這裡地當要沖，居高臨下，形勢險要，易守難攻。一夫當關，萬夫莫開，古來就是兵家必爭之地，經常有數以萬計的大隊人馬駐紮戍守在古城裡。而日常厲兵秣馬，生活用水，大多靠鎖龍潭來供給。由漢代直至唐宋遼金，這座山城沿用了一千二百餘年。在這漫長的歲月中，羅通山城經歷了無數次斬關奪寨的戰火洗劫和大自然四時變化的風雨剝蝕，古城時有盛衰，城中數易其主，而鎖龍潭水

▲ 鎖龍潭

一直豐盈旺盛。潭邊地勢平緩，土質肥沃，遠處山林坡地，草木繁茂，為守城將士休養生息、屯田牧馬、列陣操練提供了良好的條件。至今周圍還依稀可見十幾處建築遺址台地和數十處半地下式穴居遺址。在其附近還不斷髮現數量較多的刀矛、箭鏃等兵器及陶瓷碗罐、甕缽等生活用具，鐵、刀、鐮等生產工具與文化遺物，這都證明鎖龍潭附近是人馬長期駐紮、頻繁活動之地。

在蒙古族「鐵旋風」的衝擊下，女真人建立的金王朝破滅了。長期被女真人盤踞的羅通山城也被廢棄。「暗淡了刀光劍影，遠去了鼓角箏鳴」，成了「六朝盛跡鳥空啼」的故壘荒城，而鎖龍潭也因旗倒兵散、將去城空而斷了人跡車蹤。

如今羅通山又成了引人入勝的風景區，每當春秋佳日，旅遊旺季，都有大批遊人登臨鎖龍潭尋奇探勝，大發懷古之幽思。那春日的絲絲綠柳，秋天的片片紅楓，夏時的縷縷雲霧，冬季的皚皚白雪，伴隨著天光雲影，微波漣漪，都讓遊人陶醉在山光水色裡。正是：

浩淼龍潭水，銀鑑漾清波。
山城憑澤潤，千軍賴存活。
臨淵飲戰馬，砥石厲兵戈。
龍光深韜晦，關塞常落寞。
故壘逢盛世，荒潭鏡新磨。
奇石照嶙峋，古樹映婆娑。
輕車來遠客，短棹發清歌。
千古興廢地，佳境重開拓！

吉林文庫 A0703A17

文化吉林：柳河卷　下冊

主　　編　莊　嚴
版權策畫　李　鋒
責任編輯　林以邠

發 行 人　陳滿銘
總 經 理　梁錦興
總 編 輯　陳滿銘
副總編輯　張晏瑞
編 輯 所　萬卷樓圖書股份有限公司
排　　版　菩薩蠻數位文化有限公司
印　　刷　維中科技有限公司
封面設計　菩薩蠻數位文化有限公司

出　　版　昌明文化有限公司
桃園市龜山區中原街 32 號
電話 (02)23216565
發　　行　萬卷樓圖書股份有限公司
臺北市羅斯福路二段 41 號 6 樓之 3
電話 (02)23216565
傳真 (02)23218698
電郵 SERVICE@WANJUAN.COM.TW
大陸經銷　廈門外圖臺灣書店有限公司
　　電郵 JKB188@188.COM

ISBN 978-986-496-268-6
2018 年 1 月初版
定價：新臺幣 260 元

如何購買本書：
1. 轉帳購書，請透過以下帳戶
　　合作金庫銀行　古亭分行
　　戶名：萬卷樓圖書股份有限公司
　　帳號：0877717092596
2. 網路購書，請透過萬卷樓網站
　　網址 WWW.WANJUAN.COM.TW
大量購書，請直接聯繫我們，將有專人為您
服務。客服：(02)23216565 分機 610

如有缺頁、破損或裝訂錯誤，請寄回更換

國家圖書館出版品預行編目資料

文化吉林. 柳河卷 / 莊嚴主編.-- 初版.-- 桃
園市：昌明文化出版；臺北市：萬卷樓發
行, 2018.01
　　冊；　　公分
ISBN 978-986-496-268-6(下冊 ： 平裝)
1.文化史 2.人文地理 3.吉林省
674.2408　　　　　　　　　　107002125

本著作物經廈門墨客知識產權代理有限公司代理，由時代文藝出版社授權萬卷樓圖書
股份有限公司出版、發行中文繁體字版版權。